翩翩飛入戀戀曾文

ㄆㄢ ㄆㄢ ㄈㄟ ㄖㄨ ㄌㄢ ㄌㄢ ㄗㄥ ㄨㄣ

自強不息

編著／黃服賜　審稿／蔡淑芬

作者◎華語版／吳宜周　◎台語版／張晉榮

圖像／陳彥吟暨美術班張琦軒等人繪製49幅

封面題字／顏聖哲

麻豆文史工作室 出版

目錄

序文 (依據時間先後排序) 6

推薦文 (依據時間先後排序) 18

第三篇　麻豆國中校園植物地圖索驥暨圖像集 ⑦

第四篇　曾文初中暨麻豆國中創校歷史與先賢簡介 ⑧⑨

~自序~
防疫不忘文教紮根

　　無論我當老師或是官員，卻什麼都不像。當副教授或兼系主任時，不像教授。常往社區走動備課，並帶學生校外教學。同時輔導在地社區總體營造，協助地方創生並作為行動研究的主題。曾被土城市盧嘉辰市長與造橋鄉張雙旺鄉長說我是第一個主動拜會並實際來幫助地方的教授。當局長或副局長時，也不像局長。一邊主持會議一邊用手機備忘錄打紀錄並宣讀後傳給承辦人立馬結案。

　　就像自己也是1996年45歲中年成立「麻豆文史工作室」後才真正的認識故鄉麻豆一樣，在教導大學生、引導單位員工與輔導社區居民時，時常發現對自己出生、成長、求學與工作地方的人事物缺乏深入的了解，當然也就無法去喜歡並認同。因此，退休後許願：串連志同道合的朋友，集資出版地方學專書與有聲繪本並廣為流傳，讓後代不要像我一樣，中年以前還硬拗說有草字頭的「蔴荳」是因為麻豆盛產芝麻與皇帝豆而得名。

　　麻豆文史工作室先後出版「麻豆情事」刊物四期與《麻豆文化觀光導覽手冊》、《鄉土襲產與鄉村旅遊》、《柚鄉飄香》三本書，均本著有力出力有錢出錢，始告出版。《翩翩飛入 戀戀曾文》順利出版，首先要感謝麻豆國中陳彥吟老師2018年參加「台首大麻豆繪本工作坊」，2020年在校友蝴蝶專家陳寶樹老師協同帶領美術班學生認識校園植物與生態棲息環境。特教班吳宜周老師突發奇想的以「引城蝶」串連1910總爺糖廠校舍與現址，起草華語版文本。因她的借調關山國中而商得同事張晉榮老師，於今年2022年六月底完成台文版文本並錄音。

　　感謝五位尊敬的師長賜序，二十七位藝文教育界有志之士為文推薦，增添本書光彩，激勵編著者更大的動力，非常感謝。防疫也不能忘記鄉土文化教育紮根大業，在百業受到Covid-19影響之下，感謝冠名贊助的三十一位忠實粉絲，共同籌措二十五萬五千元。因為時間限制，相信，一定有不少向隅者，寄望發行之後，能夠以購書收藏或餽贈友人方式，表示對鄉土文化紮根教育的認同與支持之意。

高文之情　張良澤

因為真理大學台文系及台灣文學資料館南遷，我也就自然而然成了「新麻豆人」。

麻豆一住十八載，私淑廖評仁大師之「麻豆學」及黃服賜博士之「曾文學」，漸漸愛上了曾文溪畔的人文風土。

欣聞「很來向起徐冊蓋書3」即將出版，又增添我對麻豆的戀戀之情，更慶幸自己無意中翩翩飛入柚花鄉。

黃服賜

2022年9月13日

冠名贊助者名單 <small>（依據金額與時間先後排序）</small>

編號	贊 助 者	備 註	贊助金額
1	彭韻錚女士	臺南東南扶輪社社長、大地藝術協會榮譽理事長、蝸居一坊主人	20,000
2	柯明芳老師紀念畫室	麻豆國中退休老師柯明芳遺孀王素真女史、北勢國小老師退休、工作室執行長	20,000
3	誠富廣告開發有限公司	郭峰誠總經理	20,000
4	蕭董	高雄內門木柵山莊主人	20,000
5	許光華先生	曾任台首大校長、朝陽科大主秘、EMBA執行長、主任	10,000
6	李人傑先生	磊山保經資深副總、麻豆國中家長會長	10,000
7	陳福松先生	福川銘建設公司總裁、麻豆工業區廠商協進會理事長	10,000
8	徐貴壕先生	約恩嗶聯合有限公司酷龍地板董事長	10,000
9	謝國泰先生	麻豆國中退休教師，致力推廣外丹功與台、日長生學。	10,000
10	黃美秀女士	校友，旅美鄉親	10,000
11	謝文原先生	校友，現任臺南市直轄市電腦商業同業公會理事長，曾任麻豆國中家長會長	10,000
12	黃建東先生	展聖企業有限公司總經理、臺南市印刷同業公會理事長、臺南市東北扶輪社23-24社長	10,000
13	鍾桂珍女士	校友夫人，總爺藝文中心職員退休，工作室組長	5,000
14	蔡淑芬女士	麻豆移居西港莊家媳婦，現任麻豆國中校長	5,000
15	林致忠先生	校友，高雄大學營繕組退休、柚香居主人	5,000
16	陳進孟先生	校友，曾任北勢國小代理校長、總爺文教協會理事長、柚城藝術家協會理事長	5,000
17	方忠秀先生	校友，曾任中研院民族所約聘助理研究員、台灣觀光學院講師	5,000
18	陳灼琴女士	校友，麻豆國小老師退休，現任集英社太平清歌團副團長	5,000
19	李玲容女士	校友，文正國小主任退休，工作室組長	5,000
20	陳寶樹先生	校友，臺中市南湖社大老師，工作室組長	5,000
21	章惠芳女士	大肚山社區報發行人、曾任國小老師	5,000
22	賴東熙先生	臺中市幸福薩克斯風樂團團長	5,000
23	李克明先生	校友，國立台中教育大學副教授退休	5,000
24	陳勝美女士	校友，台北市立大學副教授退休	5,000
25	李哲民先生	麻豆鄉親	5,000
26	黃美金女士	校友，高雄科技大學會計室退休，美金舞蹈學苑樂齡律動、國標舞教練	5,000
27	林一男先生	曾任總爺文教協會理事長	5,000
28	馬一瑚女士	曾任省交國樂總監兼首席，現任彰化縣南北管音樂戲曲館、臺中市善德堂南樂社老師	5,000
29	洪思農先生	曾文家商校長	5,000
30	李宗銘先生	巧匠舞音台灣鯛研發養殖場創辦人、教育部餐飲科教師遴選／命題委員	5,000
31	謝慧民先生	台灣首府大學資訊與多媒體設計學系助理教授退休	5,000

~ 序文一 ~

穿梭百年時光 沈浸蓊鬱樹海

　　來到麻豆國中任職的第一年（106 年），有幸認識校友黃服賜博士，他有一個發想，希望可以為麻豆留下一些紀錄，讓更多人了解麻豆、喜愛麻豆，當時初步構想是以繪本的形式呈現，故隔年暑假在台灣首府大學及麻豆文史工作室的合作下，辦理了首屆「麻豆繪本工作坊」，得知陳彥吟老師有意願，便予以推薦參加。陳彥吟老師任教本校美術班，帶領學生仔細觀察校園景物及生態，並鼓勵學生用不同的創作方式去紀錄校園景觀，這些學生成果作品在麻豆文化館展出時，獲得極大的迴響。

　　時間的腳步不斷往前推移，黃服賜博士的麻豆繪本夢想逐漸清晰，吸引吳宜周老師願意嘗試撰寫文本，文本完成之後，總覺得如果可以搭配台語朗讀就更完美，在吳宜周老師引薦下，委由關山國中張晉榮老師協助錄製台文版內容。

陳彥吟老師 (前排右一)、編者 (二排右一紅色 T 恤) 與圖像繪者 (陳進生提供)

　　歷經四年時間，第一本屬於麻豆國中的圖畫故事繪本《翩翩飛入　戀戀曾文～麻豆國中的人文藝術與生態物語》終於誕生！書中記錄了許多麻中人共同的回憶，相信能引起廣大校友們深刻的共鳴，瀏覽書頁時彷彿穿梭在百年麻中時空的迴廊，沈浸在翁鬱的樹海當中，而象徵麻中精神的鐘樓，歷經數十載仍屹立不搖，守護陪伴著一屆又一屆的學子。

　　筆者何其有幸能見證這本書的出版，對於麻豆國中意義相當重大，真心推薦給所有曾是麻豆國中一分子的你，以及喜歡麻豆這塊土地的所有人。

蔡淑芬

蔡淑芬女士，麻豆移居西港莊家媳婦，曾任臺南市安順國中教務主任，現任臺南市立麻豆國中校長。

蔡校長（前排正中央）、美術班家長後援會謝智凱會長（前排左四）、
家長會謝文原會長、編者、孔慶瑤區長（前排右一二四）（陳進生提供）

~ 序文二 ~

在地化的校園書寫

記憶中認識黃服賜博士時，他是台中市政府官員，做許多市政的規劃與執行。假日來參加我的「八卦山文學步道」導覽與認識台灣的各種文化活動，以一位建築暨都市規劃專業者的觀點，再去充實相關的人文素養。退休之後返回故鄉加強運作他在 1996 年發起成立的「麻豆文史工作室」，追隨前輩的文史工作者詹評仁先生，學習地方的歷史文化，希望建構麻豆地方學的知識系統。出版在地的相關歷史文化專集，以【銀來响紀念冊】為名，出版系列叢書，來培養年輕一代聆聽土地的聲音，再去回饋自己的鄉土。2017 年出版《鄉土襲產與鄉村旅遊》時，曾邀請我參加新書發表會。黃博士贈書給台中市立圖書館暨所有分館各一本書，供展示在「台中學」專櫃。

2020 年出版《柚鄉飄香－文藝復興在麻豆》專輯時，邀我寫台語詩，選用了二十一首拙作，並配上顏聖哲大師的畫，我們合作了「柚花芳佮詩畫情」專輯，封面又選用我們的詩畫＜文旦的詩歌＞。活動時又安排我去麻豆做了演講，使我認識了許多為麻豆地區為自己地方努力的文人雅士，用詩、畫、音樂的形式去呈現麻豆地區的人文之美。

2021 年我接受彰化師大國文系與台文所主任、所長丘慧瑩之邀，做彰化師大的駐校作家，也將一年來參與學校的各種活動寫成《白沙山莊的雲》一書，會在八月底推出，一年來我鼓勵學生做校園書寫，把創作落實在生活中。在丘慧瑩主任推薦序＜天空的一片雲＞中，有一段這樣寫著：在擔任駐校作家期間，我們合作過很多事情：邀請康老師擔任林榮三文學講座本校主講人；2021 又再次邀請康老師於遊於藝迴廊展出「番薯園的日頭光」詩歌作品展，這是與攝影、書法、繪畫、篆刻等藝術品做結合發表的作品；

倡建附工文學館，將曾任教彰工的楊守愚、林亨泰、賴賢穎、吳慶堂及康原等作家作品整理展示，再現彰工文學歷程與成就。為閩南語第二專長班的老師們上田野調查課程，本欲實地考查彰化台語園區、漢寶濕地，然因疫情之故，故開啟「線上導覽模式」；為本校 USR 大學社會責任「社頭織襪 ---- 創新、創業、創生」實地考查走訪社頭文史，並用「乘著詩歌的翅膀去旅遊」，介紹彰化的歷史與文化地景，用「唱得比說的好聽」到社頭國小、國中做台語教學。近期又再次於遊於藝迴廊展出「蕃薯記持臺灣詩」，這是與藝術家蔡慶彰合作的詩情、畫意、雕塑展。

其實我寫的這本書，只是把一年來所參與的演講、授課、調查、參訪等活動，書寫下來保存著生活紀錄與思想感情。我還以專題＜文學在地化的實踐＞談一位文學創作者，如何實踐在地文化與產業的創生工作，也算是幾十年來追尋先賢足跡，與我將先人的文學作品：比如，透過規劃賴和的作品之旅，去走讀日治時期的彰化地景，去談那個年代的歷史故事，將文學作品活化落實在社區的實踐。如今我接到黃服賜博士編輯出版第三本專輯《翩翩飛入 戀戀曾文》的樣書扉頁檔案，邀我寫序。翻閱寄來的目錄及序文，仔細閱讀發現這本專輯，是一本校園書寫，集眾人之力量把一個校園中的各種生活面向、生態植物、校園沿革，透過繪畫與文字記錄下來，帶出校園中的自然生態與藝術人文，這些繪本故事將植入許多人的心中，並成為一種校園的精神力量，值得推薦給從事文化工作的朋友，希望大家能落實自己生活環境，去做各種藝術的創作，落實在地化的校園書寫。

康 原

康原先生，知名作家，著作等身。曾獲礦溪文學獎終生貢獻獎、吳濁流文學獎新詩獎、文化部金鼎獎，曾任賴和紀念館館長、彰師大台文所作家講座、彰化學叢書總策劃、駐校作家。

~ 序文三 ~

共筆書寫鄉土最美

麻豆是個人文薈萃的好地方，地處嘉南平原中央，曾文溪流淌其間，為昔日平埔族蔴荳社聚落所在，自古文風鼎盛，不乏諸多愛鄉之人投入這塊沃土，傳香至今而黃服賜博士就是其中的佼佼者。

黃服賜博士熱心家鄉藝文，成立麻豆文史工作室和麻豆文教聯誼會，積極推廣文化傳承，曾編著出版《柚鄉飄香—文藝復興在麻豆》一書，用心耕耘在地文化，企盼種下文化種子，推動「麻豆學」研究成為顯學。

本書《翩翩飛入、戀戀曾文—麻豆國中的人文藝術與生態物語》為「銀來响紀念叢書 3」，由黃服賜博士與麻豆國中蔡淑芬校長，帶

領在地學子麻豆國中美術班學生、美術班陳彥吟老師、特教班吳宜周老師共同創作記錄校園景物及生態的點滴，在在彰顯在地人說自己土地故事、紀錄自己家鄉的「麻豆學」精神所在，意義非凡。

　　黃服賜博士、蔡淑芬校長與所有編輯老師投入心力，與大眾分享家鄉美好事物，一如柚園中柚花般芬芳迷人。相信本書出版必能促進麻豆國中師生對所生所長土地的了解，亦增大眾對麻豆藝文之認識及對話，是值得推廣之佳作！

葉澤山

葉澤山先生，麻豆李家外孫，曾任臺南縣教育局課長、文化局局長，現任臺南市文化局局長。

~ 序文四 ~

謹為麻豆文光而慶

贊頌南瀛燦史鄉，地靈人傑寫瓊章。

曾溪利溉興農業，風港通輸啟貿商。

師道諄諄勤化雨，學園濟濟盡邦梁。

最難編導黃賢士，戀戀曾文麻豆光。

南臺柚鄉麻豆是得天獨厚之鄉：有母親河曾文溪的沃野廣袤，帶來農牧之一片盎然；有倒風內海的港運便捷，商業由此濫觴，聚落由此勃興。真是「花木向陽，樓臺得月」，地靈人傑，鍾靈毓秀，古來就獲得特殊的發展。譬如荷蘭時代，1637 年設立的教會學校，僅次於新港社一年，全臺第二。日據時代，設立於 1898 年的麻豆國小之前身就與台灣最早的樹林公學校同年誕生。出版於昭和九年的蓬瀛最早詩集《東寧擊鉢吟前集》中，就有麻豆<u>李步雲</u>等十四位詩家。可證麻豆人文薈萃，文化斐然。今日可見的廟宇，盡多是有清雍正、乾隆的古跡；甚至還保有 1755 年的水堀頭橋碑與 1875 年的林家四房厝。在國內可謂「有寶」鄉鎮級的翹楚之一。

然而沃野千里，不耕不耘，千年仍是荒原。麻豆這片燦爛的文史寶地，在日趨荒漠之際，幸有麻豆才子回鄉，一耒一鋤，深入耕耘，使璞玉得現曙光。真是一人有心，澤惠百世。

所謂麻豆才子者，即敝校客座講師黃博士服賜也。他是中原、成大建築學士、碩士，台大地理環境資源學博士。公職曾歷內

政部營建署視察、交通部觀光局技正兼規劃隊長、內政部建築研究所研究員、台南市府工務局局長、台中市都市發展局副局長等。大學曾兼成大、文大、東海、台灣首府、育達、德霖、開南等校副教授或兼系主任，可謂學經歷豐實而輝煌。

　　黃博士於 1996 年返鄉成立「麻豆文史工作室」，即建構「銀來响紀念冊」系列叢書，出版在地歷史文化專集，讓年輕世代得以聽到鄉土的聲響。2017 年出版《鄉土襲產與鄉村旅遊——新觀點•新價值•新願景》，有鄉村發展觀光產業的論述闡述與操作案例。2020 年出版《柚鄉飄香——文藝復興在麻豆》，有文、有史、有詩、有書、有畫，有歌，包羅萬象，璀璨多姿。可謂匠心獨運，自出機杼。再為柚鄉作了一大貢獻。

　　如今又推出《翩翩飛入　戀戀曾文——麻豆國中的人文藝術與生態物語》之鴻幅巨篇。此乃歷經四載，動員麻豆國中校內外無數師生的殫心竭智之圖畫故事繪本，是校園書寫，是集體創作，是麻豆人共同長久埋藏的心聲與記憶，全書呈現了麻豆的人文藝術與自然生態的多樣面貌。誠然，曾文溪畔，人文薈萃，百年學府，桃紅李秀，人才輩出，蔚為社會中堅、國家棟梁。此乃本書「物語」所幻化與象徵之深意也。謹遵囑為賀為序而鄭重推薦之。

謝四海

謝四海，現任二林社區大學校長 /1996 年從國立二林工商主任退休後，為公所創立香草藝文社，推展詩詞、書法、國畫、國樂教學，並重興百年的香草吟社。2001 年創立二林社區大學，績效卓著，2020 年榮獲教育部"社會教育貢獻獎"，是目前國內社區大學唯一獲此榮譽的學校。論著有《經營之哲與論語》、《從論語學會經營哲學》、《儒商的論語活學》。近日又將出版為孔聖撰寫的《至聖之經》。是教育家與學者。編者因康原老師引薦，又蒙謝校長特邀開課，2020 年曾帶團參與麻豆柚香活動，有知遇之緣。

~ 序文五 ~

愛將夢想之書化蛹

百年時空為脈，靈感的幻術蛻變成全新的敘事，是愛將夢想之書化蛹！

2022 銀來响紀念冊叢書三隆重推出了《翻翻飛入，戀戀曾文》圖畫故事繪本。

這是第一本專屬於麻豆國中的大事記，此書歷時四年規畫，建構出麻豆國中具象的人文藝術與抽象的生態物語。

曾文溪畔的城蝶有如都市遊俠般按圖索驥，彷彿於人生途中所共舞的美麗新世界，都可以在自己小宇宙裡發閃千姿百態的鱗光。我們隨書走讀百年校園，文中景、景中畫，沿著美術班學生的足跡，讓食草蜜源都傾斜到頁面之外的綠色宮殿。

從何紀錄真實人生，寫出自己的故事？歷史若不去了解，是否它就容易被遺忘？

穿梭香甜花叢，寄主植物生生不息延續著何其美麗又自信的寓意。揮灑那些永無止盡的日子，素描淡彩水墨療癒了無數讀者，連鐘樓與浮雕都如此地燦爛輝煌。

麻豆文史工作室負責人<u>黃服賜</u>教授曾說：「若說身體是生物的基因那文化就是精神的 DNA。麻豆人的外貌跟其他台灣人沒有什麼差別，只有沉

浸在麻豆的特殊文化薰陶裡，認同麻豆是文旦的原鄉、平埔古社、文化大學城，才像是一個麻豆人！」。

是的，水必有源，樹也必有根。黃教授為感謝雙親生養之恩，特以雙親諱名相合，編著叢書命名「銀來响紀念冊」。他化思舊故鄉之情，成為營造多元文化新動力，著實令人感佩。無論是從鄉土文化出發看到全世界，或是從內心觀照到再行動，凡走過的生命風景，都是無比可貴的印記。

從 2017 銀來响紀念冊叢書一《鄉土襲產與鄉村旅遊》，2020 叢書二《柚鄉飄香》文藝復興在麻豆，再到 2022 叢書三《翩翩飛入，戀戀曾文》，交織開闊的文學遠景，明媚意象盡此一現。開箱不同世代，柚鄉捎來驚豔的飄香魔法，真正讓人看見了在地文化的非凡價值。

林秀蓉

林秀蓉女士，知名作家，台灣宜蘭人，國立彰師大教研所碩士畢，曾任台客詩刊執行主編。獲 2022 新北市文學獎新詩首獎、20222 打狗鳳邑文學獎臺語新詩高雄獎、2021 第六屆乾坤新詩文學獎、2020 第九屆臺中臺語新詩文學獎、2019 教育部閩客台語新詩文學獎、2018 第八屆蘭陽新詩文學獎、2018 第十七屆大武山新詩文學評審獎、2018 礦溪文學營新詩文學獎、2016 交通部觀光局草嶺古道芒花季新詩創作獎等。作品散見人間福報、中華日報、更生日報等副刊及各文學詩刊。2016《荷必多情》詩集得金石堂銷售月、季冠軍，並膺臺中市文化局收錄《我的出書時代：臺中作家的第一本書》第三輯。2021 第二本詩集《向海邀支舞》，獲選「礦溪文學第 29 輯一彰化縣作家作品集」

◎ **彭韻錚 社長**
(台南東南扶輪社社長 / 臺南市大地藝術文化協會榮譽理事長 / 蝸居一坊主人)

　　麻豆文史工作室對於台南在地文化推廣不遺餘力，持續關注具有文史特色「麻豆國中」發展人文藝術與生態繪本。

　　本書內文訴說自然融洽，惜花、惜樹、惜人亦惜己。說故事以引領觀者，對比人事物，橫跨 111 年歲月得見歷史足跡，歲歲年年猶然自得寶藏，是為溫馨感人之作！

◎ **許光華 校長**
(台灣首府大學前校長、朝陽科大前主秘、處長、所長)

　　頃讀黃服賜博士編著的新書，主要敘述麻豆國中美術班的師生教學過程中，以麻豆國中校園暨附近週遭的人、事、物、景的聯想與串接，成為一首美麗的詩篇，讀來令人有「發思古之幽情，知來者猶可追」的情懷。尤其，本書以引城蝶為楔子，帶出整書的序曲；全書發揮了語文、數理邏輯、空間、肢體運動、音樂、人際、內省、自然等八大智能；充分體現 Gardner 的「多元智能理論」(The Theory of Multiple Intelligences) 的實際運用，是一個非常有創意的學習歷程檔案，值得推廣借鏡。此外，本書亦屬於當年在台首大校長任內推廣「麻豆學」的序列研究成果，益增「麻豆學」的內涵與傳承！

◎ **謝振宗 校長**
(麻豆國中前校長、土城高中校長退休)

　　2005—2013 年任職麻中。麻中的合唱團與美術班培育多少人才，薰陶學生於潛移默化中。在職期間，南瀛飄香暨蓮荷熱情迎賓裏，看到彩霞飄揚，綠荷盛綻；在歡樂頌的樂曲中，編織成一幅南瀛特有的風情畫。也曾守候晞露與九萬多人倒數計時，共度美夢成真的跨年晚會。這些點點滴滴都在百年校慶，彙整麻中的人文藝術，展現麻中人的驕傲。如今，校友黃服賜博士更進一步著手編撰這本新書，讓麻中約 150 棵的桃花心木與遍佈校園角落的生態展露無遺，值得可喜可賀！

◎ 何政謀 校長

（麻豆國中前校長，現任玉井國中校長）

　　曾文溪畔，人文薈萃，麻豆國中，承載百餘年的歷史，培育桃李，人才輩出，貢獻社會國家，是一所具有優良傳統，文風鼎盛的學府。

　　踏入校園，兩旁高聳的大王椰子擔任禮兵的角色，龍柏是接待人員，歡迎來賓的到訪。廣袤的校地中，校舍井然有致，動靜分明。各色各樣的樹木招引許多鳥類前來棲息，耳邊傳來的蟲鳴鳥唱與學子們朗朗的讀書聲共譜出自然的天籟，偶而黑冠麻鷺悠然的散步在如茵的草地上，更顯校園友善的氛圍。

　　長長的廊道透出一絲藝術的氣息，麻豆國中的美術班遠近馳名，堅強的師資陣容搭配扎實的課程，提供學子們茁壯的養分，每年的畢業成果展更是吸引許多人前來觀賞。此外還有全市聞名的合唱團和直笛隊，常代表臺南市參加全國比賽獲得佳績，在美術與音樂的薰陶之下，麻中學子展現出不同一般的高尚氣質。

　　本書是由一群熱愛麻豆文史的雅士們共同收集資料，反覆考證，經麻豆文史工作室負責人黃服賜邀請志工老師們協助，由麻豆國中美術班陳彥吟老師協同美術班學生，在校園速寫並以水彩展現，續由特教班吳宜周老師撰稿，再經黃服賜編輯而成，為地方文史的傳承留下寶貴的資產，筆者忝為曾是麻豆國中校長而為所知部分做出推薦，更多的瑰寶有賴大家共同挖掘欣賞。

◎ 謝慧民 博士

（台灣首府大學資訊與多媒體設計學系助理教授退休）

　　我是土生土長的麻豆在地人，麻豆國中是我的母校，還記得民國 104 年 6 月 27 日同學會，是借用學校以前班上的 317 教室來舉辦的，這是畢業 35 年後的第一次聚會，班上 56 人來了 47 人，實在是感動萬分。民國 105 年本人在台灣首府大學服務期間與李文貴老師共同執行磨課師 MOOCs 計畫「農產品的心競爭～看麻豆文旦的深耕與拔尖」，拍攝並剪輯麻豆 3 月的柚香文化活動，共 35 個影片片段，由於需要接觸在地的人事物，因而認識了黃服賜博士。欣聞黃服賜博士再為麻豆文史做出貢獻，出版這本圖文繪本一書，內容從敘述麻豆國中從日據時代到現在歷經 111 年的歷史演進，到麻豆繪本工作坊的成立及執行過程，並由美術班同學齊力完成校園內的鳥瞰圖、植物分布等自然生態手繪圖畫，內容甚為豐富，為麻豆國中留下許多紀念與回憶。這也讓我想起曾經參與拍攝的微電影「戀戀柚鄉」，從一個陌生的遠方來麻豆求學的學子，要知道的麻豆學是多麼重要，本書也是麻豆學的一部份，非常值得參考與蒐藏。

◎ 李人傑 會長

（磊山保經／資深副總、麻豆國中家長會會長連任）

麻豆，是平埔族人稱「眼睛」的寓意。百年前的倒風內海港，孕育了多元的文化，至今仍是人文薈萃、地靈人傑的好地方。而歷經多次改制的百年學府～麻豆國中，也算其中之一。

偌大的校園裡，鬱鬱蔥蔥，綠樹成蔭，生機蓬勃，自然生態豐富，加上柯明芳老師多幅大型壁畫及極具特色的鐘樓，讓整個校園，更添加繽紛。

麻豆文史工作室負責人黃服賜教授，於 2018 年開始醞釀以麻豆國中校園為主題的故事繪本。繼《柚鄉飄香～文藝復興在麻豆》出版後，便積極開始籌備這本手繪繪本。藉由麻豆國中美術班學生描繪校園內各地方的人文藝術及豐富多樣的自然生態，最後再結合國台語的創作，讓繪本在人文藝術與自然生態兩方面，呈現多樣面貌。相信此故事繪本，將會為麻中學子的文化，奠定良好的基礎。

最後，感謝黃服賜教授與蔡淑芬校長大力支持，讓故事繪本能順利出版。

◎ 徐婉禎 博士

（國立臺灣師範大學美術研究所藝術學博士，現任台南應用科技大學美術系
助理教授，專業研究臺灣現當代美術史）

「麻豆」地名源自西拉雅族原住民，歷史淵遠流長，位處嘉南平原的中心，曾文溪在東南貫穿而過，境內土壤肥沃，麻豆林家赫名一時，與板橋林家、霧峰林家有「臺灣三林」之稱，地靈人傑，長期積累孕育出深厚的文化基底。而出身成長在麻豆，後外出求學工作的黃服賜博士，自公務退休後返鄉，體認到家鄉的深厚歷史與薈萃人文，念及如何讓後代認識這塊土地的使命，遂於 1996 年無私地發起成立「麻豆文史工作室」。

黃博士長久以來串聯民間資源，為麻豆文史之奠基工作不遺餘力四處奔走，透過親臨現場的踏查研究，進而出版文史專書。在黃博士孜孜矻矻號召催生下、在眾所期盼下，《翩翩飛入 戀戀曾文》一書終將出版了！集結多位美術、歷史、文學、生物等不同專業的老師，共同繪製譜寫出麻豆在地之美《翩翩飛入 戀戀曾文》，此書以曾文溪貫流而過的麻豆為故事發生的所在，故事中蝴蝶翩翩飛舞穿引，精美繪製的插圖以及老照片史料，再附帶上有聲臺語文的內容，兼顧美感與知識、語文的多重價值。讀者在美術插畫賞心悅目之餘、在臺語文聆聽閱讀之餘，隨著故事的鋪排開展，而得以悠遊於麻豆的在地歷史風土，《翩翩飛入 戀戀曾文》是在地人認識自己家鄉、外地人認識麻豆的多面向學習教材，實是值得推薦的好書。

◎ 陳進孟 理事長

（麻豆北勢國小代理校長退休，現任臺南市柚城藝術家協會理事長）

拜讀《翩翩飛入 戀戀曾文》一書之後，感觸良多。首先感謝主編黃服賜博士愛鄉愛土的情懷，發想出版麻豆繪本，在麻豆文史工作室成員、麻豆國中陳彥吟老師、美術班同學，及付與文字的吳宜周、張晉榮老師，同心協力之下，終於完成精心著作。我生於斯，長於斯（我土生麻豆，初中就讀曾文中學初中部）。對於麻豆國中校內的景物，一草一木，依稀在記憶中。它可以當做一本鄉土文學教本，值得大家一齊來閱讀！

◎ 章惠芳 老師

（玉井人，嘉義師專畢業，大肚山藝文協會創會理事長，大肚山社區報發行人）

麻豆，讀你千遍也不厭倦。

因著在地黃服賜博士熱心引領，串起麻豆人尋根展現翩翩風貌，吸引外地人來取經，深度走讀，獵取動人故事。

因著「麻豆文史工作室」和麻豆的文友們溫馨貼心，活化歷史，民風樸實，雖已造訪數次，仍想再去。

戀戀麻豆，讀你千遍也不厭倦。

賀黃博士的《翩翩飛入．戀戀曾文》出書順利，榮耀家鄉，分享大眾。

◎ 張良澤 教授

（資深台灣文學研究者、臺灣文學國家園區發起人、老人文學叢刊創辦人兼主編）

～戀戀之情～

因為真理大學台文系及台灣文學資料館南遷，我也就自然而然成了「新麻豆人」。麻豆一住十八載，私淑詹評仁大師之「麻豆學」及黃服賜博士之「曾文學」，深深愛上了曾文溪畔的人文風情。欣聞銀來响紀念冊叢書3「翩翩飛入 戀戀曾文」即將出版，又增添我對麻豆的戀戀之情，更慶幸自己已無意中翩翩飛入柚花鄉。

◎ 張志全 校長

（現任台南市麻豆區北勢國小校長）

故鄉需要認識，土地需要理解，故鄉和土地的故事，需要的是文字與圖畫的永續傳承。

黃服賜博士主編《翩翩飛入 戀戀曾文》，就是一本幫助人們認識和理解麻豆人文歷史、藝術生態的圖文好書，更是紀錄與傳承在地故事的橋樑。作者群一步步敘寫彩繪出屬於麻豆國中的生態藝術與人文歷史，不但為麻中的校史留下美麗的見證，更為在地麻豆學留下更豐富的文化底蘊。這本書不但適合成為學校的鄉土補充教材，更是一本適合家長孩子一起親子共讀的好書。誠心推薦給您！

◎ 徐貴壕 董事長

（酷龍木板有限公司董事長。在麻豆交流道工業區設廠，回饋故鄉）

《翩翩飛入 戀戀曾文》是由黃服賜博士主編，集聚多位擁有不同專業背景的老師的心血所完成的一本蘊含麻豆人文與生態之美的作品。如同書名，此書從在空中翩翩飛舞的蝴蝶的視角下，帶領我們一步步揭開被曾文溪貫穿的麻豆的面紗、引領我們逐步探索麻豆綿延悠長的歷史文化。《翩翩飛入 戀戀曾文》用淺顯的文字、充滿家鄉味的台語文與生動的圖片，牽引著讀者在閱讀的過程中逐漸認識在歷史的長河中孕育出充滿人文底蘊的麻豆。感謝黃博士帶領著各位麻豆文史工作室的志工群、同好為麻豆文化史料延續、留下麻豆藝術文學的軌跡。用生命替麻豆鄉親保護著這寶貴的文化遺產。銘感於心，敬佩萬分！

◎ 粘素真 理事長

（臺中市圓緣文化藝術學會理事長，南湖社區大學油畫班暨南屯陶畫館油畫老師）

創作源自感動，感動來自體驗。台南七股濕地與候鳥黑面琵鷺，是世界上很稀有的自然資源。透過長期現場觀察濕地生態環境水質、水溫與魚群的變化，黑面琵鷺族群的飛翔、落地、覓食、繁衍等優雅姿態，成為我創作靈感的來源。相同的道理，麻豆國中美術班陳彥吟師生們與吳宜周老師，在麻豆文史工作室志工們協同教學下，詳細觀察校園植物生長習性與蝴蝶生態，內心受到感動，獲得創作的靈感，產生非常令人心動的圖像與文本創作，成為校園美術教學與環境教育的範例。蒙會員黃服賜博士之邀，樂於推薦之。

◎ 吳東明 秘書長

（台中市霧峰北溝故宮舊址、省府光復新村文資保存推動者，曾任中華民國霧峰文化創意協會理事長，現任臺灣花園城市發展協會祕書長）

認識黃老師是在推動霧峰光復新村保存運動之際，我們是懷抱鄉土情懷及城市夢想的民間團體，黃老師則是作風勤懇務實，對人文環境又充滿關愛與溫暖的都發局副局長，這樣的官員並不多見，何其有幸，共同開創光復新村眷舍群的新風貌，展開文化資產場域保存、活化的美好時代。

不論光復新村、北溝故宮得以成功保存，都有黃老師充滿意圖且堅持不懈的身影；尤其北溝故宮舊址的存在，在近年歐洲與臺海皆受戰爭威脅之際，更提醒世人自由之思考、獨立之精神，對於文化傳承之重要性。

黃老師早在出任公職之前，成立「麻豆文史工作室」早已成績斐然；自退休後更不遺餘力，關心鄉土人文，推動文化傳承。繼近年出版《鄉土襲產與鄉村旅遊—新觀點‧新價值‧新願景》、《柚鄉飄香—文藝復興在麻豆》之後，此次《翩翩飛入、戀戀曾文》一書，更是秉持一以貫之的精神，以鄉土教育、文化傳承精神，傳達對於麻豆家園斯土斯民的熱愛。

◎ 顏聖哲 老師

（校友，顏子第八十二代裔孫。榮獲吳三連藝術獎、全球中華文化藝術薪傳獎。曾任國立台灣戲曲學院藝術史教授。顏子故居顏瀚博府文化園區設置顏聖哲藝術館，誠為麻豆之光。）

來自曾文溪的水
肥沃了麻豆的土地
麻豆的土地
豐植了文旦柚果

來自曾文溪的風
環繞著麻豆的人文氣息
曾文初中培養出多少人文之士
麻豆國中傳承了多少藝術幼苗

天佑曾文　福造麻豆
幸為麻豆人
～顏聖哲　記之

◎ 林珀姬 教授

（國立臺北藝術大學傳統音樂系教授，曾專訪陳學禮夫婦並協助文建會傳統藝術中心
出版紀念專刊與專書）

麻豆就像我的第二故鄉，從民國72年開始與陳學禮先生結緣，民國89年開始作他們夫妻的傳藝生命史，他們把我當女兒看待，每次南下做田野記錄，都是住在他家溫暖的套房，至今難忘他們對我所做的一切。此刻看到《翩翩飛入 戀戀曾文》書中記錄了麻豆國中的校園人文記錄，就覺得往事如雲煙，卻依稀才經歷過。

每當一個人走過一定的歲月，年少青春的回憶，最能牽動內心的情感，所以對黃服賜博士努力為麻豆國中所做的校園人文藝術與生態物語記錄，甚是感動！這將麻豆國中的師生在未來的歲月中，最美好的回憶，校園內一草一木都有他們成長的記錄，圖文並茂、彩色繽紛的校園人文與生態藝術寫實，就是麻豆國中每個師生記憶中最佳往事。願麻豆國中永遠屹立，它是師生們永遠的靠山；也謝謝黃博士的遠見，在麻豆人的心中豎立起一盞智慧的明燈！

◎ 詹評仁 顧問

（校友，曾任自立晚報記者、臺南市文獻委員會委員、麻豆文化館首任主任委員，創辦柚城
文史采風研究社，被公認為文史活字典，是編者的啟蒙老師。應聘為臺南市政府市政與文
獻雙重顧問。去年再獲黃偉哲市長頒授台南市卓越市民「文史巨擘」證書。柳世雄區長「
文史泰斗 名孚眾望」賀匾。）

我是曾文初中校友，又是光復後首任校長胡丙申先生的忘年之交。郭漢僚主任是我的老師，以教學嚴格著稱。尤其策劃並執行校園的綠化，種樹成林，今日學子漫步綠蔭步道，當思師長與學長之恩。因緣際會下，長期致力於麻豆文史調查研究，尤其是人物誌，自費出版三十多本專書。深知柚城文化底蘊得以如此的深厚，與曾文初中歷任校長持續戮力傳承麻豆的文風息息相關。因此，對今日麻豆國中校園有著很深厚的感情，也寄予厚望。

與內人莊秀香同樣是港尾出生的黃服賜博士，攻讀臺灣大學博士班期間，常來請教我文史典故，是一位認真投入的後輩中生代，我也很欣慰、也很榮幸的成為黃博士的啟蒙老師。今日喜見黃服賜博士繼前年編著的《柚鄉飄香》出版之後，又一巨作《翩翩飛入 戀戀曾文》新書即將出版。本書是集合麻豆國中陳彥吟與吳宜周老師與學生們的力量，加上黃博士領導麻豆文史工作室志工們的經驗，圖文並茂，尤其難得的是來自臺東的台語文版與朗讀錄音。我相信，這本書一定有助於學子們喜愛麻豆，進而認同麻豆。希望未來將成為所有鄉鎮與學校共同推動人文素養與環境教育的範本，故樂於推薦。

◎ 張曉玲 館長
（臺中市立圖書館前館長）

　　麻豆對於我來說是「文旦的代名詞」聞名全世界的麻豆文旦，甜酸適宜柔軟多汁，中秋佳節闔家團圓品嚐麻豆文旦時別有一番風味。而我所認識的黃服賜教授就截然不同，他是麻豆人，關注家鄉人事物，公務退休後返鄉強化「麻豆文史工作室」運作，並發起成立「麻豆文教聯誼會」等。有感於文化傳承，2017、2020 年先後編著出版《鄉土襲產與鄉村旅遊～新觀點•新價值•新願景》與《柚鄉飄香～文藝復興在麻豆》二本書，贈送臺中市立圖書館典藏，讓「麻豆地方學」成為顯學，推廣閱讀之心令人敬佩。此次黃教授花費四年時間與他的母校麻豆國中合作，除了辦理首屆麻豆繪本工作坊、也邀請駐校老師解說生態、指導寫生，鼓勵麻豆的師生利用觀察校園景物生態，以美術創作方式記錄校園歷史文化景觀，集天時地利人和，出版《翩翩飛入 戀戀曾文》，黃教授編著的麻豆有聲故事繪本終於問世，可喜可賀。

　　值得推薦的是這本書由黃教授起心動念帶頭規劃，藉由群策群力，收集資料，引導學生從麻豆國中校園植物寫生地圖，對生態的關懷、對自然的細緻觀察，讓學校教育與土地有了連結，也融入了生活，更培養學生觀察學習的能力，發展多元文化觀與世界觀；透過書寫記錄、繪畫、朗誦，閱讀，傳遞更多麻豆人文素養，在此祝福這篇美麗故事隨著蝴蝶翩翩起舞慢慢流傳。

◎ 羅家強 校長
（天主教方濟會私立黎明高中校長）

　　麻豆文史工作室黃服賜博士在黎明高中講授彈性課程 [臺南故事真精彩]，是採沉浸式教學法，有先備知識後還有實地踏查倒風內海，龍喉，柚香，巴洛克建築，紀安宮，金獅陣文化解說，散步文旦步道，參觀黎明大學長、傑出柚農兼紀安宮主委李仙德先生經營的「品德柚果園」聞花並增加知識，身歷其境在環境中，眼耳鼻舌身意的沉浸式感受地方知識，挖掘隱而不見的文化芬香，告訴生長的學子何謂在地人，也謝謝王素真、李玲容老師在實地踏查上精闢導覽與講解。黃博士曾在本校辦理「麻豆鄉土體驗營」，幫助國中小學生認識與體驗麻豆鄉土文化之美。也在柚花藝術節辦理「黎明高中柚花詩歌音樂會」，吸引很多麻豆藝文人士共襄盛會，增進本校的文化水準。

　　黃博士暨麻豆文史工作室志工們結合麻豆國中師生即將出版《翩翩飛入 戀戀曾文》之際，樂於推薦。並期待不久的未來，也能結合黎明中學的師生，將 1963 年復校至今的校園風貌，以繪本方式呈現。

◎ 林錫銓 博士
（亞洲大學休閒與遊憩管理系助理教授、臺中市霧峰文化觀光發展協會總幹事）

　　一雙引城蝶翩翩飛入生態豐富的麻豆國中，我的想像立即隨之盤旋起舞。自莊周夢蝶以來，輕盈飄逸的蝴蝶，早已幻化成為跨界探訪的天使。本書藉由詩詞、吟詠、水墨與繪本等多元媒介敘事，將麻豆國中的文史底蘊與自然生態做了最生動的描繪。不僅是校園學子最完整的鄉土教本，也成為地方學推廣的精采典範。從本書的創作過程，跨領域、跨校、跨世代有心人的共同參與，更是構成麻豆優雅人文的獨特景象。原來，長期以詩詞樂曲發掘和闡揚麻豆文史內涵的黃服賜老師、「麻豆文史工作室」以及在地文史教育工作者們，就是這一群翩翩飛舞的引城蝶，一次又一次地，在精美的出版中，引人入勝。

◎ 林藝芳 主任
（現任國立曾文高級農工職業學校圖書館主任，曾任曾文農工教務處主任）

　　猶記當年到國立曾文農工時，曾經詢問前輩，明明位在麻豆，為何名為「曾文農工」？才首次聽到「曾文郡」這個名詞；在曾農圖書館共讀站中，掛著一幅麻豆古地圖，上頭標示著「蔴荳」二字，聽著黃博士興致勃勃的說，當時，麻豆二字是這樣寫的，直到 1912 年才改成「麻豆」，看著眼前充滿熱情的黃博士，內心有莫名的悸動。因緣際會，受邀推薦此書；藉由此書的文字、圖像及編輯，華語文及台語文版並呈；可看出編者群對於前身是曾文初中（曾文中學）的麻豆國中及在地文化之愛與理解；透過校園中的植物，由二隻鳳蝶的視野進行探索，一窺校園環境之美感及永續之精神，也探究之文化之深度與廣度。此書，除了是麻豆國中的一份傳承禮物，也是一份良好了鄉土教材、語文教材，更是一份絕佳的文化探究作品，在此有幸推薦給各位。

◎ 謝旻淵 校長

（現任國立曾文高級農工職業學校校長，曾任國立澎湖高級海事水產職業學校校長）

本人於 111 年 8 月接篆視事位於麻豆曾文溪畔的國立曾文農工，在尚未熟悉麻豆風土之際，頃讀黃服賜教授編著的《翩翩飛入 戀戀曾文》大作，藉由書中一草一木、一樹一景，走回百年前的日治時代，讓我這甫從菊島返台的遊子一品這不尋常的「蔴荳」日常。藉由此書，瞭解在歷任的教育先進努力下，曾文郡中的麻豆街如何成為所謂的教育重鎮；藉由二隻引城蝶玉帶鳳蝶的穿梭，瞭解一所具有生態、藝術與文化的故事學校；跨越歷史的層層堆疊，耆老的口說共享，佐以完整的教學配套，集結各方之力，麻中百年，風華再現。因此，感受到黃博士及創作團隊對於麻豆文史延續之用心與重視，承蒙黃博士之邀，以推薦之。

◎ 連紋乾 校長

（現任蘭嶼高中校長，曾任曾文農工教務處主任、實習處主任、學務處主任）

黃服賜博士麻豆出生的在地人，學有所成，返鄉創立麻豆文史工作室，本人於國立曾文農工服務期間，見識到黃博士對麻豆這塊土地的關心、關懷與關注，真是深感佩服，今何其有幸，接到黃博士之邀請，微言撰寫此推薦文，我只能說：黃博士出品、必屬精品。黃博士對鄉土文化藝術之推廣與保存，其付出與貢獻，早已為各界所肯定，今讀《翩翩飛入 - 戀戀曾文》驚覺，這不就是現今蘭嶼各方有志之士正在努力的方向，從整理瞭解人文藝術與環境生態的關係，重新體認身為人的渺小及環境帶給人的影響是如何的巨大，在蘭嶼這塊小島對環境的依存度更高，人之島的達悟子民從遠古就知道要與環境共存、共融，人類才得以永生，閱讀此冊讓我得到很多啟發，謝謝黃博士的指導。

◎ 李宗銘 創辦人

（校友，2007 年創辦巧匠舞音台灣鯛研發養殖場品牌，全台第一個擁有三認證的台灣鯛養殖場（產銷履歷、國際 ISO 認證、歐盟認證），2011 年台南職訓中心講師、2020 年台灣首府大學企管所碩士、2021 年真理大學傑出校友。2011-22 年產銷履歷達人。2018 年教育部全國國立家政（商）學校餐飲科教師遴選／命題委員。2008 年陳前總統、2011 年馬英九總統、2012-13 年賴清德市長、2015 年李孟諺代理市長等餐宴會主廚）

　　出生在麻豆，成長在麻豆，求知也在麻豆，戀戀在這具有人文氣息又有歷史與文化深厚的故鄉，現今謀生事業也建立在麻豆，期望成為麻豆另一個特色產業巧匠台灣鯛特色美食崛起，人生一甲子歲月中幾乎沒離開過薰陶的城市，我的故鄉～麻豆。

　　兒時上學途中，總要經過鹹酸味濃郁的鹹菜巷，這股臭酸味濃濃鄉情，深刻在人生記憶中，當時麻豆重要的產業，也是見證純樸、人文與藝術之鄉。如今思懷時，總是漫步到母校培文國小找尋兒時味道，撲鼻在鹹菜桶聞著懷念的味道，阿嬤說：「在鹹菜巷醃鹹菜，在 40 多年前麻豆種芥菜的人愈來愈少，加上工人難請，老一輩的體力不堪負荷，紛紛退休，鹹菜桶閒置有的壞掉，木材當材火燒，也有古物藏家買去收藏。」如今培文國小在程耀煌校長任內保存著變遷的歷史文化。

　　從幼稚懵懂的童年，啟蒙思想的國中時代，轉為關心在地的藝術文化與古建築的歷史，最懷念的麻豆國中椰林大道依然存在，現今正是採收文旦季節，漫步田野間撲鼻而來的柚香，是另一個麻豆特有鄉味，意味中秋節來臨，麻豆文旦重要經濟產業，也吸引四方遊客探索麻豆歷史與文化及特產。來到麻豆當然要品嚐麻豆美食碗粿。

◎ 洪思農 校長

（國立曾文高等家事商業職業學校校長，曾任該校教務、學務、總務、秘書、圖書館、輔導等主任）

　　本校前任陳藝昕校長兼任麻豆文教聯誼會輪值總召時，由我兼任執行祕書職務，因此要常與聯誼會的發起人黃服賜博士聯繫互動。從那時開始，就知道黃博士帶領麻豆文史工作室志工們積極投入麻豆文化教育的紮根。繼二年前出版的《柚鄉飄香》之後，黃博士再度結合麻豆社區資源與麻豆國中教學資源，出版《翩翩飛入 戀戀曾文》繪本，充份展現麻豆國中的人文藝術與生態環境的特色。因為該校前身曾文初中光復後的首任胡丙申校長，同時兼任本校校長，兩校情誼一直很好，該校校長與師生常應邀參加本校重要活動。

　　思農很榮幸經過甄選通過得以升任校長，「結合社區‧發展特色」已經列入是六大願景之一。很期待未來本校也有類似的繪本出版，讓校友回憶之前在母校求學的點滴，也讓新生提前認識校園之美。茲應黃博士之邀，不吝學養有限，寥寥數語，為之推薦。

◎ 方忠秀 老師

（校友，曾任中研院民族所約聘助理研究員、台灣觀光學院講師）

兼及麻豆－曾文學

　　主編黃服賜先生與我是小學同學，我們也都進了曾文初中就讀。小學且經補習煎熬，進了初中，迫壓盡除，且在青翠一片的校園中好好陶養，著實度過了一段翠美的青少時光，以後不曾有過那樣的怡然與充實。

　　校舍是以童軍綠為主。但是校園多青翠，尤其大操場之上，整片天空無限寬廣。周遭的大樹，枝葉如傘蓋。更有北邊的幾排直木，那氛圍不禁令人想起柏拉圖學院的沈思步道。

　　作者巧筆，以麻豆街東西兩邊各兩隻鳳蝶，在曾中會合，開始對學校人文景物的考古發掘與研究。事實上，總爺明治糖廠早先是日本人的行政中心，而後曾文中學前身麻豆尋常高等小學校搬遷於今日校址，隨著歷經多次行政更迭。地近西拉雅麻豆社菁華地帶，經幾代人用心擘劃、經營。我與主編兩人，才有幸到此翠青之地朝拜、漫遊、浸淫，如麻豆街西邊的兩隻鳳蝶！

　　麻豆，Mata，本意眼睛，靈魂之窗。有老子「不行而知，不見而明」之意。那自然薈萃之地，直通神靈，或曰天，或曰靜默之精神。麻豆本當地靈之傑，地而易通於天，使人也能因地而感知於天：能 see 而直觀真實，不假學習。（當然學習可以更深化直觀）

　　所以，感覺麻豆男人，君子斯文、怡然真實。而麻豆女人似未脫女孩「乾坤一同」之「稚」氣，流動而不積聚，可稱「婀娜流轉、自在欣羨」。

　　這是個人對麻豆學的初步體會。雖然已經費去了大半輩子，也走過不少的冤枉錯路，但還是蹺首盼望，在中西擾攘的今日，以麻豆學來呼應曾文正公的籲求。無憚於外界的莽暴威脅，沈靜認真地探索地與天的消息，理出一條清明的未來道路－－直通今古，也涵攝各大文明之可以長久的真實直觀。

　　這，是曾文學的挑戰呀，也可以是我們曾文學子的心之所繫，麻豆同鄉的意樂所在，而主編長年灌注心力於麻豆文史，也實為此。

　　是以共勉。

　　也給西拉雅麻豆社一個膜拜。

◎ 徐震魁 校長

（國立玉井工商校長，曾任國立曾文農工校長）

　　文化底蘊深厚的「麻豆」，孕育出為數不少的傑出人才，因此，地方上有一群文史工作者，默默在為文化傳承而努力，編撰和創作了許許多多的書籍，《翩翩飛入 戀戀曾文》一書，即是在麻豆子弟黃服賜博士積極地四處奔走下，整合了各領域專家而共同完成的。《翩翩飛入 戀戀曾文》採繪本型式，藉由引城蝶揭開序幕，並透過它們的引領，讓讀者得以領略麻豆國中校園裡花草樹木的美，且書本備有台文內容，實屬難得的鄉土教材。

　　在學校教育的現場，我們常期勉青年學子要「立足本土，放眼國際」，而現行的108課綱期望能培育學生具備適應現在生活，以及面對未來挑戰的知識、能力和態度，即所謂的核心素養。這兩者都強調，所有教學必須結合學生的生活經驗。相信《翩翩飛入 戀戀曾文》這本書，未來在打造學生軟實力方面，一定可以發揮相當的作用，特予推薦。

～ 序幕 ～

這是人類史上第一次對引城蝶的記載。

引城蝶不為人知，卻在蝶界大大有名，牠們很特殊，出生時就帶著祖先們的記憶，所以不同於普通的蝴蝶，牠們的記憶也隨著生命週期的消逝傳遞給下一代，代代不息。每個城市都會有數對引城蝶，牠們的任務就是把這個城市的史蹟流傳下去。

天色微光，兩隻引城蝶從總爺製糖廠飛起。

「你看見了嗎？我們正飛過以前仍是農田的土地，當時沿著圳道上學的日籍學童從東邊往西去上學；而自西往東從市區來的台籍孩子正嬉笑地跑來，有些則踩著腳踏車呢！」說話的正是裳裳，屬黃裳鳳蝶，和小鳳是搭檔。這個蝴蝶家族主要的蜜源植物是矮仙丹，她倆才剛從矮仙丹花叢中飽餐完一頓呢！而腦中的回憶也是飽滿的，記憶中閃現的畫面，正是日本治理時期的曾文郡，搬遷到興中路後更名為麻豆中學的行政大樓。有大王椰子樹陳列兩排，更前方則是寬闊的稻田，灌溉渠道橫切而過。

總爺製糖廠／蔡緗誼 繪

迎賓椰子樹／陳彥吟 繪

黃裳鳳蝶的蜜源花卉 — 矮仙丹／陳佳辰 繪

1 大王椰子

弘道樓前迎賓大王椰子樹／楊易翔 繪

修長的身影 映出了熱帶的心 然而 沁涼卻湧上了 碩大的椰果

--- 摘錄改編於 Ewa Ho 《奇摩知識＋》

　　遠方有小小的蝶影，從市區飛來的<u>小玉</u>和<u>小帶</u>是玉帶鳳蝶，約好要和黃裳鳳蝶一起拜訪麻豆國中的大王椰子爺爺。麻豆國中誕生於西元 1910 年的總爺製糖廠（現在總爺藝文中心的前身），最早稱作「蔴荳尋常小學校」，後來 1933 年搬遷到位於興中路的現址，校名改稱「**麻豆國民學校**」，1946 年改校名為「**臺南縣立曾文初級中學**」，1968 年改制為「**國民中學**」，現在已經 111 歲了！

　　<u>聽裳裳說故事</u> -- 當時，明治製糖會社內日籍員工的小孩到了該讀書的年紀，所以 3 個男孩和 5 名女孩成為「台南尋常高等小學校蕭壠分教場蔴荳分離教室」的學生，從 1910 年到今天，自日治到民國，學制更迭包括小學、初中、高中、國中，「麻豆國中」可是很有故事的學校呢！

「爺爺好！」引城蝶們齊聲大喊。

「好！能見到你們真是很開心啊，表示我最愛的季節來了。」

小鳳：「大王椰子爺爺，你在這住多久啦？」

「剛搬來時，我也不過稍超過人類身高，被栽種在校舍的前方，從 1933 年到現在，整整 88 年了，現在我已經有四層樓高。」

「我的記憶庫顯示，自從日本人治理台灣，大王椰子樹也大量地自國外移植進來，1898 年首先由福羽逸人引進，接下的幾年又透過金井兼次自夏威夷來到台灣。」小帶隨即補充。

「沒錯，所有政府機關和學校單位，幾乎都可以看見我們的身影，我們長得高大，襯托出的氣派自然得人的喜歡。」

引城蝶們飛到樹蔭下，享受清風拂掠，抬眼看大王椰子爺爺枝葉散開撐住藍天：「爺爺，謝謝你，每次的拜訪，都讓我們覺得活著真是太好了！下次再會囉！！」

「呵呵，歡迎你們再來，我會在大門迎接你們...。」大王椰子爺爺精神地揮著手...。

2 孔雀豆

十月　我是紅透了心的　相思

　　「小帶，是相思樹耶！」小玉最浪漫，馬上吟起唐代著名詩人王維寫的《相思》，「紅豆生南國，春來發幾枝，願君多採擷，此物最相思。」

　　「我有很多名字，孔雀豆、海紅豆、相思豆、紅金豆 ...。不管你怎麼稱呼我，只要你看見我紅潤飽滿又晶亮的種子，絕對會對她們愛不釋手。」相思樹擺動她優雅的枝葉驕傲地說。

　　長在兩旁的茄苳夫婦也附和著：「只要到了十月國慶的季節，當鄰近的鄉鎮都放起煙火的時，她的種子照例耐不住性子地脫殼而出，像煙火般地奪目墜落，只是種子們比煙火更貼心，可以讓人們緊緊握在手中。」人們把她們製作成吊飾或其他裝飾品，有些則被有情人收進信封寄給遙遠的戀人。

相思樹種子及樹葉／吳宛芝 繪

3 茄苳樹

　　茄苳夫婦也娓娓說起的一個遙遠的故事:「1945 年底,國民政府接收台灣,日本學生被遣送回日本,隔年一月學校從『麻豆鎮第六國民學校』改名為『台南縣立曾文初級中學』,1946 年由<u>胡丙申</u>先生擔任第一任校長,他出生於麻豆書香之家,家族是福建同安縣人,原遷居在善化胡厝寮,後來因曾文溪氾濫,家族轉遷麻豆,他非常愛護學生,生前設立獎學金,只要學生功課好,還會以文旦犒賞呢!」

　　相思樹搖著羽狀複葉回憶:「後來,胡校長擔任議員時還提議要在麻豆和善化間搭起橋樑,十分關心地方建設,雖然麻善大橋一直到 2000 年才動工興建,他無緣得見今日著名的麻善大橋夕照,然而他若知鄉民現今已無須於河水氾濫時涉險過河,一定很安慰。」昔人已遠,典範長存。大家聽了這過往的故事,心底不禁安靜起來...。連旁邊的沙漠玫瑰也發出一陣輕嘆。

茄冬樹樹葉和果實／蕭柔恩 繪

4 沙漠玫瑰/木麻黃

簷前的夏日正喧嘩
一簇簇沙漠玫瑰，擎起火炬
掩映萬丈紅塵，千里煙波
晃漾了夢裡胸懷，傳遞著季節芬芳
脈脈而耐旱
落款詩人口中昂揚的朗誦

—— 節錄自 詩韻《大紀元～文化網》

沙漠玫瑰／楊凱馨 繪

「你們應該記得，遠在麻豆國中設校於此之前，這裡可是一大片木麻黃呢！如今只剩這直徑兩尺的遺木殘跡。」盆栽中沙漠玫瑰說的正是 2009 年八八風災後，側門車庫旁頃倒的木麻黃。

「沒錯啊，風災過後，殘枝移除，謝振宗校長便囑咐將妳遷移到木麻黃上，妳也同時在隔年見證了麻中創校一百年的各項校慶活動。百花桂廊興建完工，泉之聲紀念雕像進駐校園，還有熱鬧登場的石雕命名活動及音樂演出…。」茄苳夫婦的記憶力可真好！

引城蝶們聽得津津有味，繞著沙漠玫瑰飛舞：「看妳花簇鮮紅燦爛，妳一定和蝶蛾家族是老朋友。」

「粉綠白腰天蛾」俗稱夾竹桃天蛾，除了夾竹桃科的日日春，還喜歡選擇同是夾竹桃科的我當作牠們後代的出生地喔！春秋兩季，牠們的幼蟲會在我枝葉間大快朵頤。 粉綠白腰天蛾的幼蟲和你們鳳蝶幼蟲長得很像，大小和顏色相仿，連食量都一樣很大，但身上的條紋有點不同，食物也不同，鳳蝶吃的是柑橘科的柑橘葉。」

看來，沙漠玫瑰一點也不介意成為粉綠白腰天蛾的食物，就像木麻黃不介意沙漠玫瑰立在他上方的姿態一樣。同樣不介意伸展美好姿態的，還有位在茄苳樹旁三四月間盛開的羊蹄甲。

沙漠玫瑰和木麻黃遺木／楊凱馨 繪

5 豔紫荊／羊蹄甲

灼灼其華羊蹄甲　　朝聖人間四月天
粉紅花蕊如翔雲　　觀照婆娑世界
誰的歡呼　　為那滿樹夢幻彷彿盛燃的火光
叩響旅人心房

— 節錄自 詩韻《大紀元～文化網》

　　裳裳首先發問：「請問你是豔紫荊？洋紫荊？還是羊蹄甲呢？」

「其實我們都屬於羊蹄甲屬，因為外型很類似，難免傻傻分不清楚，不過如果我這樣比喻，你們就能聰明識別了。洋紫荊是爸爸，豔紫荊則是小孩，羊蹄甲是媽媽，也就是我。」

　　「我知道，媽媽總是一家中最早起床的。」小鳳說完便停在她淡雅的花瓣上。

羊蹄甲繼續解釋：「我三月時盛開，開花時葉子不多，幾乎整株都是花，春季飄香，豆莢短而寬，內斂守護著家。」果然是犧牲奉獻的母親形象。

小帶接著說：「豔紫荊小孩是香港市花，是洋紫荊和羊蹄甲雜交的樹種，花期最長，從十月到隔年三月，顏色紫紅，是個精力充沛的孩子喔！」

「而且豔紫荊只開花不結果，而洋紫荊爸爸盛開在

羊蹄甲花／陳于庭 繪

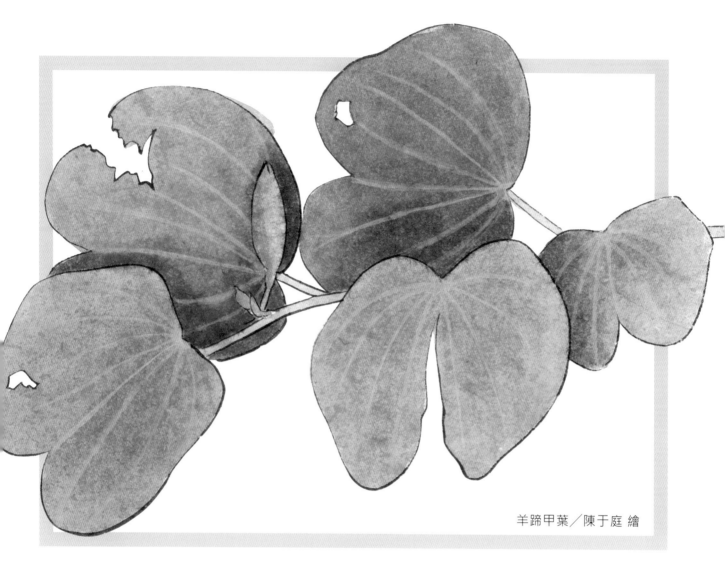

羊蹄甲葉／陳于庭 繪

秋季的十一月前後，和孩子一樣，開花時有花有葉，豆莢則和我的不一樣，是長條形的。」媽媽笑答著：「爸爸總是勇於面對挑戰，努力打拼。羊蹄甲屬的我們，是受寵愛的蜜源食物，蝴蝶、蛾類和蜜蜂，都是我們家的常客，今天非常歡迎你們來！」

「我怎麼沒在校園裡看到洋紫荊爸爸呢？」裳裳好奇地四處張望。

豔紫荊閃著無邪的眼睛：「爸爸不在家，出差了！你們可以去探望桃花心木群，他們前幾天還念著你們呢！」

合作社後面的艷紫荊／潘雨佳 繪

6 桃花心木

校舍間的桃花心木／呂玫瑄 繪

桃花心木果實 (圖左)、種子 (圖右)
／郎咸珺 繪

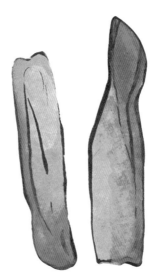

生機盎然的日子總是熾人　　新芽是從陰影裡擎起的火炬

潮湧綠浪　　花兒約定好在夏天穿上綠色的洋裝　　於豐唇上塗勻嫣紅

隱密走秀　　夏天過了我還是找不到　　藏身枝芽間的芳澤

― 節錄自 賴保成《桃花心木》

　　日本人田代安定氏看中桃花心木材質堅硬且木紋紅潤美麗，適合做傢俱，從1901年開始，就大量引進台灣。原生於中美洲，如今繁茂地生長在台灣的校園。飛進麻豆國中操場旁，不時有羽狀種子如 Doraemon 頭上的神奇螺旋槳轉動般調皮降落，和牠們玩起遊戲。

　　「怎麼找不到桃花心木的花呢？」小玉邊躲著種子邊問。

　　「你們好呀，前幾天還掛心著你們呢，給個提示，我們的花朵不到半公分大，仔細看才找得到喔！」桃花心木回答：「小小的花卻可結20~30倍大的果實，加上我們枝幹挺立高聳，群聚時就枝葉相連，當陽光透過茂密的葉隙灑下，就會讓置身其間的人感覺到了森林。所以麻中的學子們就幫我們這塊群聚地取名為『維也納森林』」。

　　「找到了，果然很小呢！」小鳳看著花，發現築在靠近樹頂的黑冠麻鷺窩巢：「鳥兒們似乎也很喜歡這裡。」

　　「因為圍著操場栽種的，還有同是大型樹種的榕樹、雨豆樹和鳳凰木，所以就成為鳥兒們最愛來訪之處，除了綠繡眼和白頭翁，還有鳳頭蒼鷹、黑枕藍鶲、黃尾鴝、啄木鳥等，是賞鳥人的祕密基地。」桃花心木讓風盡情吹拂：「每年十二月，校慶運動會在操場如火如荼地舉行，熱鬧非凡的場景，總會讓我們想起當年的總務長郭漢僚主任和王改主任前後帶着學生們一起栽種樹木時，老師學生們揮汗著，談笑著，也是如此充滿生命力啊！若沒有前人種樹，何來後人乘涼？」

　　引城蝶們也在此刻感受到這汗水、雨水，與時間共同的累積，宛如聽見一曲持續演奏著的森林樂章。「走吧！該去和雨豆樹大叔打招呼了！！」小裳望著午後的陽光說著。

郭漢僚主任故居／吳瓊恩 繪

7 雨豆樹

活動中心前的雨豆樹／施姵緹 繪

重遊故園無意中發現誰還是
那麼英挺地佇立在窗櫺前
含羞艷紅的花瓣
遮掩昔日曾經擁有過的斑駁歲月
就像眾說紛紜裡
我們那麼貼切地想知道
細膩多情的濕意潤澤整片
碧草如茵的綠地
於歷經颱風侵襲後
準備重新佈署
這黑白分明的殘局啊

該當如何體認……
絕處逢生前
我們相約攜手走過
所謂花開花落
也許是縈形記憶中
緊迫催促且難得安眠的後遺症

— 節錄自 謝校長振宗《麻中百年校慶特刊》

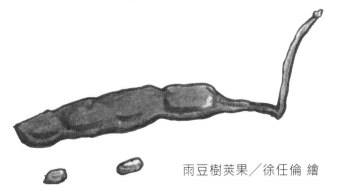

雨豆樹莢果／徐任倫 繪

紀念碑內文拓印

「我雖然不如大王椰子樹爺爺資深，但我種樹型高大，屬於落葉大喬木，常被栽種在綠地公園或廣場作為主木。在麻中活動中心前，看著一屆屆的學子打球、競逐、成長、畢業，青春的故事我可以說上三天三夜呢！」

小帶停在被磚石裝飾地圍起，座落在雨豆樹下的紀念碑(見附圖)上：「雨豆樹大叔，這是甚麼呀？」

「這紀念碑可有歷史了，碑銘始於日治時代，是學校工友同仁李景楠先生與蔡濱名先生從學校舊宿舍搬來的。」

「把這麼重要的東西交給你保管，可見你是麻中很倚重的樹木喔。」小鳳敬佩地說。

「那是因為麻中人的記憶裡總有我，我的另兩位伙伴也如我一樣盡忠職守地佇立在司令台的左後方，迎著每一個升旗後回到班級的腳步聲。『好好念書，珍惜你們的青春啊！』像長輩般殷殷期盼地，伙伴們這樣說著，唸著。一晃眼，就也送走了數萬名青春遊子了，當年曾與我們對話的年輕小伙子，如今回來見我，已然滿頭白髮。」

雨豆樹盛裝著驕傲，也背負著記憶，要一直一直守護這裡，即使碑文已斑駁不清，樹的心和樹的根一樣，總是扎扎實實的。

註：【紀念碑內文 圖】皇紀二千六百年紀念事業　　***麻豆尋常高等小學
校***寄贈*　　昭和十四年十月　麻豆小學校保護？
(*為日文？字不詳)

8 落幕/浮雕與鐘樓

自強不息

鐘樓/張綺軒 繪

引城蝶們跟著學子們的足跡，穿過位於致美樓與五育樓的中間的兩棵雨豆樹，可以看見植物物種聚集的兩座中庭，從圖書館丁燦樓一直到活動中心。

　　「這是紫荷、扶桑、矮仙丹、一支香，還有桑樹、月桃、構樹、血桐和七里香。」<u>裳裳</u>沒忘了引城蝶的另一任務，就是要清點校園裡的植物們。

　　「虎尾蘭、黃椰子、蕾絲公主、酒瓶椰子、桂花、楓香、立鶴花，嗯，全打勾...。誰幫我找找鵝掌藤、欒樹和變葉木？」<u>小玉</u>飛來飛去，好不忙碌！

　　「他們都在弘道樓前，我已經確認過了。」心細的<u>小帶</u>幫了大忙。「來看看鐘樓，還記得鐘樓是怎麼建造的嗎？」

　　「當然，每隻引城蝶都知道，這是麻豆國中的大事記啊！1954 年，<u>周之南</u>校長發起『捐三十元一起建堡壘的活動』，即使當時的三十元對學生們來講可真是一筆大數目，卻在這樣的過程中，共同經歷完成一件大事的喜悅。」<u>小鳳</u>回答。

　　鐘樓當時除了圓形鐘框在菱形裝飾線內，最醒目的要屬『自強不息』四個大字，出自《周易》--- 天行健，君子以自強不息，勉勵學子隨著宇宙不停的運轉，一直前進。更迭至今，鐘樓拱形門櫺已不復見，原先栽種於鐘樓兩側的龍柏也早已不在，周圍取而代之的是高大的樹種如桃花心木等。

　　「大家都還記得吧！鐘樓後方校舍拆掉重建為五育樓，<u>柯明芳</u>老師為鐘樓這個精神堡壘設計了『麻中之光』與『教育生長』兩座浮雕在五育樓牆面，藍底白色，寓意深遠。一百周年校慶重新油漆鐘樓與浮雕牆面，才成為現在白色底金黃

五育樓浮雕圖案／蘇有瑋 繪

剛落成的鐘樓，翻拍自柯明芳老師紀念畫集

色的風貌。」小帶總是能把大家的記憶找回來溫習一番。

柯老師作育英才廿餘年，投身繪畫創作，在麻中留下許多作品，包括體育館的「春暉普照」及「大地呈祥」浮雕、學校運動服的圖樣設計、運動會帽徽及校刊封面等。

柯老師英年早逝，其夫人王素真老師將其作品收藏在位於學校西側市地重劃的「柯明芳老師紀念畫室」，出版畫冊，舉辦紀念畫展，作為麻豆區藝文展覽的平台。畫室牆面的複製運動服圖樣，呼應著柯老師對藝術創作的熱愛。

時間之眼穿越滄桑，引城蝶們彷彿看見柯老師下課時倦倦而歸的背影，夕陽灑在紀念畫室前，如同自然人文與藝術，在麻豆國中從過去到現在悠悠展開，前進到理想之境，心靈歇憩之所，一直到不可預見的未來...。

柯明芳老師畫室現況

柯明芳老師畫室內牆壁畫

第二篇、台語文版《翩翩飛入‧戀戀曾文》

～ 起鼓 ～

起鼓

這是人類史上第一擺對引城尾蝶仔的記載。

引城尾蝶仔較無人知，卻是佇尾蝶仔界大大出名，個（in）真特殊，出世的時就會帶著祖先的記持，所以和普通的蝴蝶無全，個（in）的記持嘛隨著生命消失傳予下一代，代代不息。每一个（tsit ê）城市攏會有幾若（kuí-nā）對引城尾蝶仔，個（in）的任務就是共這个（ê）城市的歷史流傳落去。

天拍殕光，兩隻引城尾蝶仔對（tuì）總爺製糖廠起飛。

「你敢有看著？咱拄咧飛過以早猶是田園的土地，當時沿著圳溝邊欲去讀冊的日本囝仔，對東爿（tang-pîng）往西爿去學校；反倒轉自西向東，對市區來的台灣囝仔那笑那走過來。嘛有一寡當咧騎腳踏車呢！」講話的正是裳裳，屬於黃裳鳳蝶，佮小鳳是鬥陣的。這个（ê）蝴蝶家族，主要的蜜源植物是矮仙丹，個（in）兩个才拄對矮仙丹花叢中，食一頓粗飽煞！不而過，個（in）頭殼內的記持嘛是飽滇的，記憶中出現的畫面，正是日本時代的曾文郡，搬遷到興中路以後，改名做麻豆中學的行政大樓。有大王椰子樹 跰（tshāi）佇兩爿，閣較頭前是闊莽莽的稻田，灌溉的圳溝橫切按遮過。

總爺製糖廠／nazuko 同學 繪

迎賓椰子樹／陳彥吟 繪

黃裳鳳蝶的蜜源花卉 — 矮仙丹／陳佳辰 繪

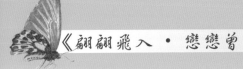

1 大王椰子

弘道樓前迎賓大王椰子樹／楊易翔 繪

瘦抽的身影 映出了熱帶的心 毋過 秋清煞溢起去 大粒椰子內

— 摘錄改編於 Ewa Ho 《奇摩知識＋》

　　遠遠的所在，有小小的尾蝶仔身影，對市區飛來的<u>小玉</u>佮<u>小帶</u>是玉帶鳳蝶，個（in）約好欲佮黃裳鳳蝶，做伙去拜訪麻豆國中的大王椰子阿公。

　　麻豆國中創校佇西元 1910 年的總爺製糖廠（這馬總爺藝文中心的前身），上早以前號做「蔴荳尋常小學校」；後來，1933 年搬到這馬興中路的所在，校名改作「**麻豆國民學校**」；1946 年改校名號作「**臺南縣立曾文初級中學**」；1968 年改制「國民中學」，這馬已經 111 歲矣。

　　聽<u>裳裳</u>講故事 -- 當時，明治製糖會社內，日本員工的囝仔到了愛讀冊的年歲，有 3 个查甫囝仔佮 5 个查某囝仔，成作「台南尋常高等小學校蕭壠分教場蔴荳分離教室」的學生，對 1910 年到今仔日，自日本時代到民國，學制變化包括小學、初中、高中、國中，「麻豆國中」會使講是真有故事的學校喔！」

「阿公你好！」一陣引城尾蝶仔做伙大聲喝！

「好！會使看著恁有影真歡喜，表示我上愛的季節來矣。」

小鳳問：「大王椰子阿公，你佇遮蹛偌久囉？」

「拄搬來的時，我差不多比人較懸一屑屑仔爾爾，予（hōo）人種佇校舍頭前，對 1933 年到這陣，拄好 88 年，這馬我差不多有四層樓彼爾懸矣。」

「佇我的記持內底，自從日本人統治台灣，大王椰子樹嘛大量對國外入移植入來，1898 年首先由福羽逸人引進，紲落來的幾冬，閣透過金井兼次對夏威夷來到台灣。」小帶隨共補充。

「無毋著，所有政府機關佮學校單位，差不多攏看會著阮的形影，阮生了高長（kau-tshiâng）大漢，展出來的氣派自然使人足佮意。」

這陣引城尾蝶仔飛到樹蔭（tshiū-ńg）跤，享受清風吹來，攑頭看著大王椰子阿公淡開的葉仔共藍天掌（thènn）牢咧，逐个（ê）做伙講：「阿公，多謝你，逐遍的拜訪，攏予阮感覺活咧實在是足好的，後遍再會喔！！」

「呵呵，歡迎恁閣來，我會佇大門口迎接恁…。」大王椰子阿公足有精神咧攃手。

2 孔雀豆

十月　我是紅透了心的　相思

「小帶，是相思樹 e！」小玉上浪漫，連鞭吟起唐朝有名的詩人王維寫的《相思》：「紅豆生南國，春來發幾枝，願君多採擷，此物最相思。」

「我有足濟種名，孔雀豆、海紅豆、相思豆、紅金豆...。毋管按怎共我叫，只要恁看著我紅潤、飽滇閣通光的種子，絕對會對個 (in) 愛不釋手。」相思樹振動著伊優雅的樹椏 (tshiū-ue) 靠勢咧講。

發佇伊兩旁的茄苳樹翁仔某嘛綴咧講：「只要到十月國慶的季節，附近鄉鎮攏咧放煙火的時，伊的種子忍袂牢脫殼而出，那親像煙火全款，遐爾顯目 (hiánn-bák)，只是種子比煙火閣較貼心，會使予人絪絪 (ân) 搦佇手內。」咱共個 (in) 做成吊飾或者是其他的手藝品；嘛有一寡仔，予有情人收入批殼內，寄予遠方的愛人。

相思樹種子及樹葉／吳宛芝 繪

3 茄苳樹

　　茄苳個（in）翁仔某嘛沓沓講起一个古早的故事：「1945 年年底，國民政府接收台灣，日本學生予人遣送轉去日本，隔冬正月，學校對『麻豆鎮第六國民學校』改名號做『臺南縣立曾文初級中學』，由<u>胡丙申</u>先生擔任第一任校長，伊出世佇麻豆書香之家，家族是福建同安縣人，本來蹛佇善化胡厝寮，後來曾文溪做大水，規家伙仔轉遷到麻豆，伊非常愛護學生，在生設立獎學金，只要學生功課好，閣會用家己種的文旦犒賞個（in）！」

　　相思樹搖著伊的葉仔回憶：「後來，胡校長做議員的時，閣提議愛佇麻豆佮善化中央鋪橋，十分關心地方建設，雖罔麻善大橋一直到 2000 年才動工興建，伊無緣通看見今仔日有名的麻善大橋夕陽，不而過，伊若知影鄉民現此時已經無需要佇做水的時冒險過溪，一定真安慰。」昔人已遠，典範長存，逐家聽煞這過往的故事，心肝底攏恬靜落來，連邊仔的沙漠玫瑰嘛咧吐大氣。

茄冬樹樹葉和果實／蕭柔恩 繪

4 沙漠玫瑰/木麻黃

矸簷（gîm-tsînn）前的熱天嘻嘻嘩嘩
一簇（tshok）一簇的沙漠玫瑰，攑
（giah）起火把
對耀（tuì-tshiō）萬丈紅塵，千里煙波
抻 hián 溢夢中胸懷，傳達著季節芬芳
脈脈而耐旱
落款詩人口中昂揚的朗誦

　　— 節錄自 詩韻《大紀元～文化網》

沙漠玫瑰／楊凱馨 繪

　　「恁應該會記得，彼陣麻豆國中佇遮設學校進前，遮是一大片的木麻黃
（bȯk-muâ-hông）！如今干焦賰這直徑（tit-kìng）兩尺的遺木殘跡。」
盆栽內沙漠玫瑰講的正是 2009 年八八風災了後，學校偏門車庫邊，倒佇遐的
木麻黃。

　　「無毋著，風颱過了後，共殘枝徙走，謝振宗校長就吩咐共你徙到木麻黃頂
懸，妳嘛同時佇隔冬見證了麻中創校一百年的各項校慶活動。『百花桂廊』興
建完工，『泉之聲紀念雕像』進駐（tsìn-tsù）校園，閣有鬧熱出場的石雕命名
活動佮音樂演出...。」茄苳個（in）翁某的記持實在有夠好！

　　引城尾蝶仔逐个聽甲津津有味，踅（sėh）著沙漠玫瑰飛舞：「看你的花蕊
鮮紅燦爛，妳一定和蝴蝶佮蛾仔家族是老朋友。」

　　「粉綠白腰天蛾，俗稱夾竹桃（kiap-tik-thô）天蛾，除了夾竹桃科的日日春，
猶閣佮意選擇全款是夾竹桃科的我做 個（in）後代出世的所在！春秋兩季，個
（in）的幼蟲會佇我的枝葉之間大食特食。粉綠白腰天蛾的幼蟲佮鳳蝶的幼蟲
生了真親像，大小佮色水嘛差不多，連食量都全款真大，毋過，身上的條紋小
寡仔無全，食物嘛無全，鳳蝶食的是柑橘科的葉仔。」

　　看來，沙漠玫瑰一點仔嘛無掛意成做粉綠白腰天蛾的食物，若親像木麻黃無
掛意沙漠玫瑰生淡佇伊身軀頂的情形全款。全款無掛意伸展美好姿態的，猶閣
有佇茄苳樹邊仔，三四月之間大開的羊蹄甲。

沙漠玫瑰和木麻黃遺木／楊凱馨 繪

5 豔紫荊／羊蹄甲

灼灼其華羊蹄甲　　朝聖人間四月天
粉紅花蕊如翔雲　　觀照婆娑世界
誰的歡呼（huan-hoo）　　為那滿樹夢幻彷彿（hóng-hut）盛燃的火光
叩響旅人心房

— 節錄自 詩韻《大紀元～文化網》

　　嚴嚴代先問：「請問你是豔紫荊？洋紫荊？抑是羊蹄甲？」

「其實阮攏屬於羊蹄甲屬，因為外型很親像，難免定定分袂清楚，猶毋過，若準講我按呢比喻，恁就會當簡單認捌矣。洋紫荊是爸爸，豔紫荊就是囡仔，羊蹄甲是媽媽，也就是我。」

　　「我知影，媽媽總是一家伙仔上早起床的。」小鳳講煞就歇佇她淡雅的花瓣（hue-pān）頂。

羊蹄甲繼續解釋：「我三月時大開，開花的時葉仔無多，差不多規欉攏是花，春季飄香，豆莢短 閣寬，內斂守護家己的厝。」果然是犧牲奉獻的母親形象。

　　小帶接咧講：「豔紫荊囡仔是香港市花，是洋紫荊佮羊蹄甲變種了後的樹仔種，花期上長，對十月開到隔冬三月，色水紫紅，是一个（ê）精力充沛的囡仔喔！」

「彼號豔紫荊干焦開花袂結果，而且洋紫荊爸爸大開的時陣，佇秋季的十一月前後，和囡仔仝款，開

羊蹄甲花／陳于庭 繪

羊蹄甲葉／陳于庭 繪

花的時有花有葉，豆筴佮我的無仝款，伊是長篙形的。」媽媽笑笑仔回答：「爸爸總是勇敢面對挑戰，骨力拍拚。羊蹄甲屬的阮，是最受歡迎的蜜源食物，蝴蝶、蛾類和蜜蜂，都是阮兜的主顧客，今仔日非常歡迎恁來！」

「我哪攏無佇校園內底看著洋紫荊爸爸？」裳裳好玄一四界咧揣。

豔紫荊瞄著無邪的目睭：「爸爸無佇厝，伊拄好出張矣！恁會使去探望彼陣桃花心木，個（in）前幾工猶閣咧唸恁咧！」

合作社後面的艷紫荊／潘雨佳 繪

6 桃花心木

校舍間的桃花心木／呂玟瑄 繪

桃花心木果實(圖左)、種子(圖右)
／郎咸珺 繪

生機盎然的日子總是鑿(tshák)人　新芽是對陰影裡擎起的火炬
潮湧綠浪　花兒約定好在夏天穿上綠色的洋裝　於豐唇上塗勻嫣紅
隱密走秀　夏天過了我猶是揣不著　藏身枝芽間的芳澤

一 節錄自 賴保成《桃花心木》

日本人田代安定氏看佮意桃花心木材質有（tīng），而且紋路紅潤美麗，適合做傢俱，對 1901 年開始，就大量引進台灣。原生於中美洲，到今大量生湠佇台灣的校園。都佇麻豆國中的運動埕邊仔，不時有羽毛形的種子，敢若多啦 A 夢（Doraemon）頭殼頂神奇的竹田嬰，轉咧轉咧狡怪來降落，袂輸佮個（in）咧做議量全款。

「是按怎揣無桃花心木的花？」小玉那覕著種子那問。

「恁好無？，前幾工猶咧掛慮恁，予恁一個提示，阮的花朵無到半公分大，斟酌看才揣的到喔！」桃花心木回答：「小小的花煞會當生出 20~30 倍大的果子，加上阮的樹身徛直閣高強大漢，生做伙的時就枝葉相連，日頭的光透過峇峇的葉仔縫照落來，就會予徛佇內底的人感覺來到了森林。所以麻中的讀冊囡仔就共阮這塊生做伙的所在號名做『維也納森林』」。

「揣著矣，有影足小的！」小鳳看著花，發現做佇附近樹仔頂的黑冠麻鷺的岫：「鳥兒嘛敢若足佮意這个所在。」

「圍著運動埕種的，猶閣有大型樹種的榕仔、雨豆樹、佮鳳凰木，所以就變做鳥兒上愛來的所在，除了青苔仔（綠繡眼）佮白頭鵠仔（白頭翁），還有粉鳥鷹（鳳頭蒼鷹）、染布鳥（黑枕藍鶲）、知更鳥（黃尾鴝）、啄樹仔鳥（啄木鳥）等等，是愛鳥的人的祕密基地。」桃花心木予風盡情的吹：「每年十二月，校慶運動會在運動埕熱滾滾咧舉行，有夠鬧熱的情景，總會予阮想起當年的總務長郭漢僚主任和王改主任前後炁（tshuā）着學生囡仔做伙種樹仔的時，老師學生那流汗閣那講笑，嘛是按呢充滿生命力啊！若無前人咧種樹，何來囝孫通歇涼？」

郭漢僚主任故居／吳瓊恩 繪

這陣引城尾蝶仔嘛佇這時陣感受到這汗水、雨水，佮時間共同的粒積，宛如聽著一曲一直演奏的森林樂章。「咱行！應該去和雨豆樹叔仔拍招呼囉！！」小裳望著過晝的日頭光那咧講。

7 雨豆樹

活動中心前的雨豆樹／施姵緹 繪

重遊故園無意中發現誰還是
遐爾英挺的倚立在窗仔格前
含羞艷紅的花瓣
遮閘（jia-tsạh）昔日曾經擁有過
的斑駁歲月
就像眾説紛紜裡
咱遐爾鬥搭（tàu-tah）想欲知影
細膩多情的濕意潤澤規片
碧草如茵的綠地
於歷經風颱侵襲後
準備重新佈署
這烏白分明的殘局啊

該當如何體認……
絕處逢生前
咱相約牽手行過
所謂花開花落
也許是繳形記憶中
緊迫催促且難得安眠的後遺症

— 節錄自 謝校長振宗《麻中百年校慶特刊》

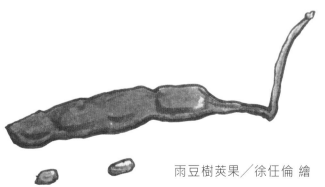

雨豆樹莢果／徐任倫 繪

紀念碑內文拓印

「我雖然無大王椰子阿公資深，毋過我樹型高長大漢，屬於落葉大喬木，定定予人種佇綠地公園抑是廣場作為主木。佇麻豆國中活動中心頭前，看著一屆一屆的學子拍球、走相逐、成長、出業，青春的故事我會當連紲講三工三暝！」

小帶停佇用磚仔佮石頭妝娗（tsng-thānn）圍起來的所在，佇雨豆樹跤的紀念碑（見附圖）頂：「雨豆樹叔仔，這是啥物啊？」

「這紀念碑誠有歷史矣，碑銘開始佇日本時代，是學校的工友李景楠（Lí Kíng-lâm）先生佮蔡濬名（Tshuà Tsùn-bîng）先生，對學校舊宿舍遐搬來的。」

「共這呢重要的物件交給你保管，可見你是麻中真倚重的樹仔喔。」小鳳真敬佩咧說。

「彼是因為麻中人的記持內底攏有我，我另外兩个（ê）鬥陣的嘛佮我全款盡忠職守，徛佇司令台倒手爿的後壁，迎著每一擺升旗了後，轉到各班的跤步聲。『好好讀冊，珍惜恁的青春啊！』親像序大彼種向望，阮鬥陣的按呢講，按呢唸著。一目𥍉仔，嘛送走幾若萬个（ê）青春的遊子，當年捌佮咱對話的少年家，到今（kàu-tann）轉來見我，嘛已經規頭白頭鬃。」

雨豆樹表現出伊的驕傲，也揹著伊的記持，欲一直一直守護遮，準做碑文已經斑駁，樹仔的心和樹仔的根全款，攏是實實在在的。

8 煞戲/浮雕與鐘樓

鐘樓/張綺軒 繪

引城尾蝶仔綴著學生囝仔的跤跡（kha-jiah），孿（nn̄g）過佇致美樓佮五育樓中央的兩欉雨豆樹，會當看著植物物種聚集的中庭，對圖書館丁燦樓一直到活動中心。

「這是紫荷、扶桑、矮仙丹、一支香，猶閣有娘仔樹（桑樹）、月桃、鹿仔樹（構樹）、血桐和七里香。」裳裳無袂記得引城尾蝶仔的另外一个（ê）任務，就是欲清點校園內的植物（sit-bu̍t）。

「虎尾蘭、黃椰子、蕾絲公主、酒瓶椰子、桂花、楓仔樹（楓香）、立鶴花。嗯，攏共勾起來...有啥物人會使鬥相共揣鵝掌藤、欒樹和龜甲黃（變葉木）？」小玉飛來飛去，無閒甲！

「個（in）攏佇弘道樓頭前，我已經確認過矣。」頂真的小帶幫贊真大。「咱來去看鐘樓，敢猶會記得鐘樓是按怎起的無？」

「當然，逐隻引城尾蝶仔攏知影，這是麻豆國中的大代誌啊！1954年，周之南校長發起的『捐三十元一起建堡壘的活動』，著算講當時的三十箍對學生囝仔來講，真正是一筆大數目，毋過佇按呢的過程當中，逐家共同完成一件大代誌，這款歡喜無佗有。」小鳳回答。

鐘樓當時除了圓形的框，囥佇斜糕形（菱形）的配景內底，上影目的，愛算『自強不息』四个（ê）大字，出自《周易》 --- 天行健，君子以自強不息，勉勵學子隨著宇宙無停的運轉，一直進前。到今，鐘樓拱形的門已經無去矣，原底種佇鐘樓雙爿（siang-pîng）的龍柏（lîng-peh），嘛早著無佇遐，周圍代替個（in）的是大欉的樹種，像桃花心木彼種的。

「逐家攏猶會記得無！鐘樓後壁校舍拆掉重起做五育樓，柯明芳老師替鐘樓這个（ê）精神堡壘設計了『麻中之光』佮『教育

五育樓浮雕圖案／蘇宥瑋 繪

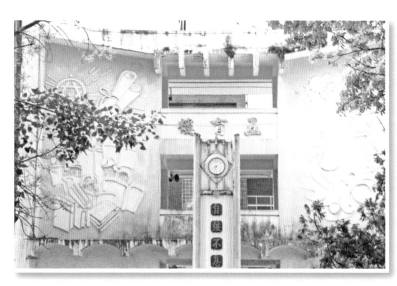

剛落成的鐘樓，翻拍自柯明芳老師紀念畫集

生長』兩座浮雕，佇五育樓的壁頂，藍底白色，意思誠實深。一百周年校慶重新（tiông-sin）油漆鐘樓和浮雕牆面，才成做這馬白底佮金黃色的風貌。」小帶總是有法度共逐家的記持揣轉來復習一遍。

柯老師作育英才二十幾冬，投身繪畫（huē-uē）創作，佇麻中留落誠濟作品，包括（pau-kuat）體育館的「春暉普照」閣有「大地呈祥」浮雕、學校運動衫的圖樣設計、運動會帽仔的徽章佮校刊的冊皮。

柯老師英年早逝，伊的夫人王素真老師共伊的作品收藏佇學校西爿市地重劃的「柯明芳老師紀念畫室」，出版畫冊，舉辦紀念畫展，作為麻豆區藝文展覽的平台。畫室牆面的複製運動衫圖樣，呼應著柯老師對藝術創作的熱愛。

時間之眼串過（tshǹg-kuè，穿越）滄桑，引城尾蝶仔好親像看著柯老師下課的時，慢慢仔行轉去的背影，黃昏的日頭照佇紀念畫室頭前，敢若自然人文藝術，佇麻豆國中對過去到現在悠悠展開，行到一个（ê）理想的情境，予心靈歇睏的所在，一直到無法度按算的未來...

柯明芳老師畫室現況

柯明芳老師畫室內牆壁畫

第三篇、麻豆國中校園植物地圖索驥暨圖像集

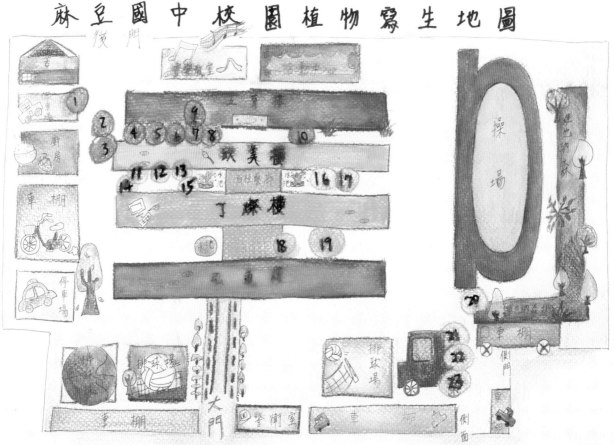

1. 欒樹	11. 榕樹	18. 荷花
2. 構樹紫荷	12. 一支香	19. 雨豆
3. 血桐	13. 蕾絲公主	20. 樟樹
4. 桑樹扶桑	14. 豔紫荊	21. 羊蹄甲、相思
5. 變葉木	15. 酒瓶椰子、矮仙丹	22. 茄苳
6. 月桃、虎尾蘭	16. 桂花	23. 木麻黃、沙漠玫瑰
7. 七里香、鵝掌藤	17. 立鶴花	
8. 楓香		
9. 黃椰子		
10. 桃花心木		

黃椰子／楊易翔

沙漠玫瑰／楊凱馨

一支香 (1)／葉牧柔

一支香 (2)／葉牧柔

桑樹／劉巧雲

桑葚／劉巧雲

鵝掌藤／蔡宛珍

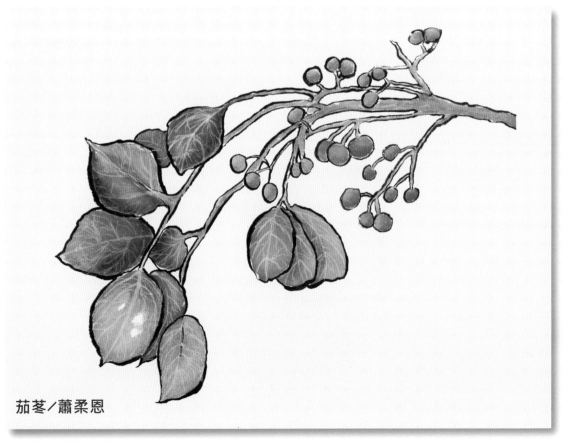

茄苳／蕭柔恩

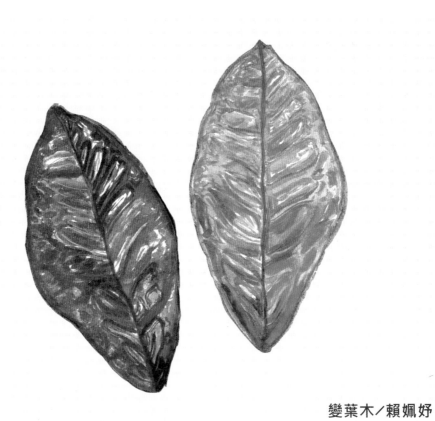

變葉木／賴姵妤

樟樹 (1) ／賴映庭

樟樹 (2)／賴映庭

樟樹 (3)／賴映庭

七里香 (1)／邱品昕

七里香 (2)／邱品昕

扶桑花／施珮緹

桃花心木 (1)／郎威珺

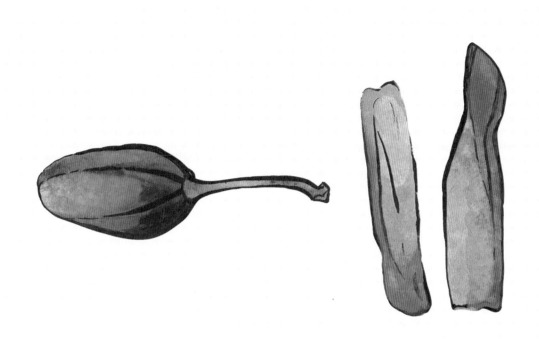

桃花心木 (2) ／郎威珺

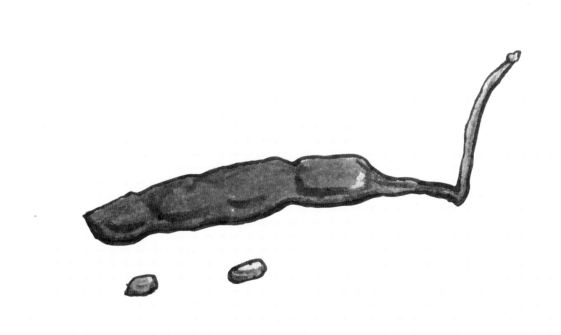

雨豆／徐任倫

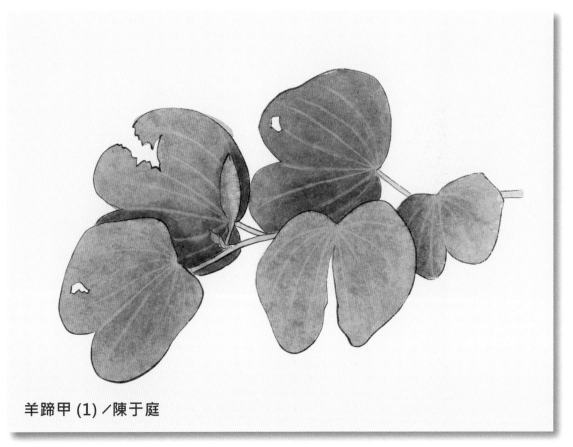

羊蹄甲 (1)／陳于庭

羊蹄甲 (2)／陳于庭

矮仙丹／陳佳辰

楓香／陳怡蓁

酒瓶椰子 (1)／陳冠裕

酒瓶椰子 (2)／陳冠裕

立鶴花╱陳羿廷

構樹╱王依婕

桂花樹／謝秉諭

相思／吳宛芝

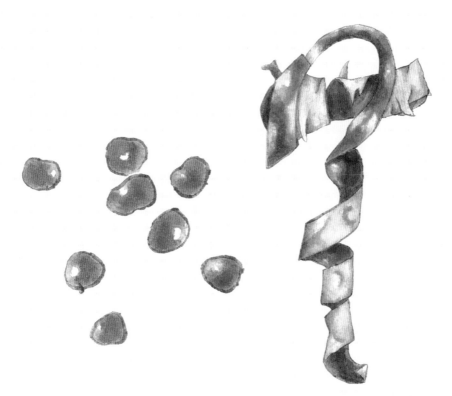

相思豆・相思豆莢／吳宛芝

血桐／呂玫誼

七里香 (1) ／李宗恩

七里香 (2) ／李宗恩

台灣欒樹／李映臻

月桃 (1)／林其臻

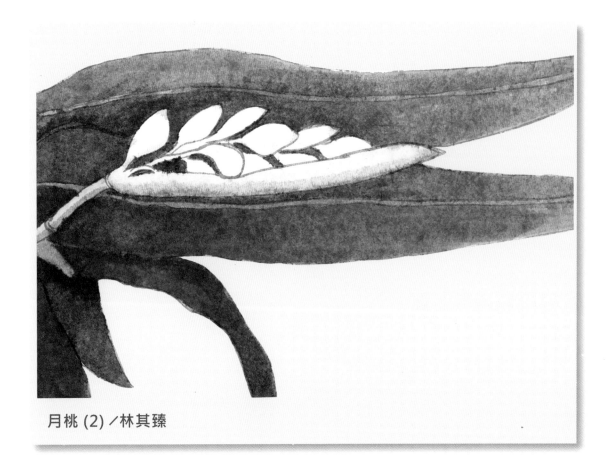

月桃 (2) ／林其臻

荷花／林莉婷

第四篇、曾文初中暨麻豆國中創校歷史與先賢簡介

從 1910 年創校到今天，自日治到民國，學制更迭包括小學、初中、高中、國中，從「蔴荳」到「麻豆」小學校，到「曾文」初中、中學，又到「麻豆」國中，可是很有故事的學校呢！(按：照片除有註明者外，全由蔡淑芳校長提供)

一百多年前，明治製糖會社內日籍員工的小孩到了該讀書的年紀，所以 3 個男孩和 5 名女孩成為「台南尋常高等小學校蕭壠分教場蔴荳分離教室」的學生。1910 年正式創校為「蔴荳尋常高等小學校」，兩年後獨立設校，更名為蔴荳尋常小學校 (六年制尋常科國民小學)，由市村松榮先生擔任首任校

1938 麻豆尋常高等小學校入學

長。1911 年，因增設二年學制高等科，又改名為「蔴荳尋常高等小學校」。1912 年，因地方制度改正，去掉古名上的草字頭，成了「麻豆尋常高等小學校」。1941 年，校名改稱「麻豆國民學校」。這時，校址已由製糖會社遷至麻豆南勢的現址八年了。

1939 麻豆尋常小學 前面農田

1940 麻豆尋常高等小學校校門

1947 曾文初中首任胡丙申校長（二排右一郭漢僚老師）

1949 光復後首任校長胡丙申（圖正中白色西裝）

1946 年，再度更名為「麻豆鎮第六國民學校」，同年，隨著日籍學生遣返日本，配合施行三年制初級中學學制，又更名為「台南縣立曾文初級中學」，1956 年增設高中部，更名為「臺南縣立曾文中學」胡丙申（1893-1972）擔任首任校長。胡校長兼曾文家職校長，後榮升教育科科長（相當於今日局長），並當選臺灣省議會省議員。因此，被麻豆文史活字典詹評仁老師（麻豆文史工作室顧問）尊稱為麻豆教育界與政治界元老。隨後經歷

1954 曾文初中師生捐建精神堡壘 自強不息鐘樓

1956 鐘樓前合影 前排中間萬治寬主任
左一郭漢僚／萬寬群提供

1957 曾文中學大禮堂 / 萬寬群提供

1957 辛勤園丁郭漢僚與椰子樹
合影 / 詹評仁提供

1957 曾文中學高中教室 / 萬寬群提供

了完全中學與九年國教推行，最終於 1968 年，奉令改為「麻豆國民中學」，沿用至今。雖然曾文初中的校名消失了，但這個最高紀錄有 32 個班級的大型學校，在二十多屆的校友們的心中，仍然有無法磨滅的甜美的共同記憶，值得所有校友們一起來回味與分享。

編著者是 1963 年麻豆國校畢業後考入曾文初中，1966 年直升高中部。後因政策確立「省辦高中、縣辦初中」，高中部將移至當時的省立曾文農校並改制為省立曾文高級中學之後，插班考試轉學位於臺北市的省立建國中學。

「曾文初中」之名，源自曾文溪，而「曾文」二字出處有三：其一是溪畔住戶的人名；其二是網魚器具。其三平埔族西拉雅族群某字的音譯，如同麻豆是 matta 的音譯一樣。總之，曾文二字是跟這條時常氾濫成災、素有「青暝蛇」惡名的大溪有關。

昔日台南州曾文郡，管轄麻豆、下營、官田、六甲、大內等五鄉鎮。1942 年的總人口，將近八萬五千人，其中麻豆街最多，就有三萬四千人，佔四成。因此，行政中心郡役所設在麻豆街，連同麻豆分局、麻豆戶政事務所、麻豆地政事務所與麻豆消防隊等相關公共服務設施，肩負上述曾文溪北岸五個區的責任。

1957 曾文中學前排新建教室
/ 萬寬群提供

1957 曾文中學校門 / 萬寬群提供

1962 曾文中學新校門 / 萬寬群提供

1964 譚地大校長與初高中部模範生合影（二排右一方忠秀）

1966 劉智校長與直升高中部獎學金學生合影（三排左四黃服賜）

麻豆街，更是曾文郡教育重鎮，設立縣立曾文初中、省立曾文農校、省立曾文家商三所初級與高級中學。其中，曾文初中新生，均是各該區內國民學校應屆畢業生中，獲得縣長獎以下各種獎項優秀學生的第一志願。辦學上軌道，教學又嚴格，吸引許多名師前往任教。所謂嚴師出高徒，考上南一中與師範學校的升學率之高，曾經風光多年。

郭漢僚老師（1912-1984），因為聲音宏亮，管教嚴格，學生私下稱之「雷公」。生前除擔任升學班的數學老師之外，兼任總務主任多年。在歷任校長主持下，規劃校園綠美化藍圖。依據已退休的王改老師兼總務主任的口述訪談，現今麻豆國中校園主要綠帶的大樹，皆是當年郭漢僚主任規劃、選種、育苗，並帶領全校師生挖坑、埋苗、掩土、立架與養護而來的。

1967 臺南縣立曾文中學弘道樓行政大樓

1974/1/24 曾中 55 年畢業初三孝班同學會。圖右二三五黃服賜、古戰勝老師、陳勝美。後排右一李克明（李克明提供）

所以，麻豆國中的樹林綠帶，<u>郭漢僚</u>主任是
功不可沒。植物創造鳥類、昆蟲、蝴蝶等動
物良好的棲息環境。

美術課<u>柯明芳</u>老師（1942-1991），自
1969年起，任教於麻豆國中，積極參與校
園美化工作，投入很多心力於人文藝術創作
上面，並永久展示於建築物外牆，或刊登校
刊封面，甚至作為體育服裝圖案。柯老師幼
年生長在鄉下，性情中人，多以農民生活與
農村地景作為水墨畫與水彩畫的
創作主題。可惜，英才早逝。惟
遺孀北勢國小退休的<u>王素真</u>老師，
協同兒子於學校操場司令台對面
購屋，設立「柯明芳老師紀念畫
室」，展示遺作，供後人緬懷。

1980 郭漢僚老師暨師母三合院自宅前與孫子合影
／詹評仁提供

因此，昔日的曾文初中，今
日的麻豆國中的校園，總是洋溢
著一股麻豆特有的文化氣息。校
舍外牆的浮雕壁畫，戶外空間的
鐘樓雕塑，教室棟距的茂密森林，

1982 周之南校長返國與郭漢僚（左一）合照／詹評仁提供

樹梢枝幹的蟲鳴鳥語，是校園中最重要的人文藝術與生態環境資產，
具有保存與活化的價值。

惟目前面臨少子化與私立黎明高中辦學卓越的雙重壓力，如何
在既有歷史悠久與文化底蘊良好基礎之上，走出特色，開創新局，
值得校長、主任與老師，以及校友們一起來關心與努力！

2016年12月23日，由麻豆文史工作室負責人<u>黃服賜</u>與執行長
<u>王素真</u>共同出面邀請，1966年畢業的曾文初中同學們一起回來母校
參加校慶運動會，並舉辦畢業50週年紀念餐會。

會前大家同意，以碗粿與豬血湯代替餐廳的大餐，將省下的午

1984 郭漢僚 遺像影
／詹評仁提供

餐費 2 萬元捐給母校許多的弱勢家庭當作教育基金。何政謀校長親自交付收據與頒發感謝狀，當年任教的林登祿老師亦應邀參與盛會，會後慢步於樹林中，並於鐘樓合影，象徵傳承自強不息的精神。

會後，順著校園操場的圍牆，走到柯明芳老師紀念畫室。由遺孀王素真同學解說，妻兒為先夫與先父創辦紀念畫室的精神，著實令人感動與欽佩。

最後，由總爺糖廠子弟李克明與鄭繁兩位博士同學，帶領前往麻豆尋常小學校舊址，即今已轉型為總爺藝文中心行政空間的總爺國小校園。洗石子的大象溜滑梯印入眼簾，時光倒流一甲子，令人不禁感嘆！

對於我們這些曾文初中畢業的校友而言，絕大多數已經退休，僅剩幾位企業家，譬如福佑幼兒園與福川銘建設公司等企業集團的陳福松總裁，持續經營業務，創造故鄉的就業機會。今日得以聯絡感情，身體康健的散步校園，都是有福氣的人！

當我們懷著感謝的心，發現校園無處不美。也懷著知恩的心，找尋到先賢為校園人文藝術與生態多樣性所做的努力與成果之際，當思如何進一步懷著報恩的心，在目前良好的基礎之上，打拼未來更美好的城鄉發展根基，為當今麻豆國中的學弟妹們，提供更多元化的選擇機會與就業機會，甚至是開創新紀元的創業場域！共勉之！

胡丙申校長舊宅圖像／彭韻錚 繪（圖左老欉文旦，惟大門屋簷已拆除）

20160315 集英社麻豆國中朝會示範
後左一何政謀鐘樓前合影

集英社麻豆國中朝會示範（右立陳灼琴）

集英社麻豆國中朝會示範

集英社麻豆國中朝會示範後合影（後排左一李政
道、左二黃服賜、左三郭團長、右一陳佑昇）

20161105 帶領成大、麻豆國中小解說培訓參觀
倒風內海故事館

20161105 詹評仁老爺、王素貞（右）贈送蔡舒
韻老師專書

20161223 曾中
同學會三個博士
校園合影（左起
鄭縈、黃服賜、
李克明）

20161223 曾中同學會今昔對照
（左林志元、沈忠義）

20161223 曾中同學會今昔對照
(左黃錦連、王素真)

20161223 曾中同學會巡禮鐘樓

20161223 曾中同學會校慶活動

20161223 曾中同學會參觀柯明芳老師紀念畫室
前排左一陳福松、後排右一林致忠

20161223 曾中同學會參觀蔴荳尋常小學校舊址

20161223 曾中同學會漫步校園

20161223 曾中同學會與林登祿老師鐘樓前合影

20161223 曾中同學會捐款並與何政謀校長合照

作者的話之一

【吳宜周】

歷史的浪漫是在於我們得以透過先人的足跡，回顧過往，並在校園植物成長軌跡中，發掘更多故事。

榮幸得以參與這場浪漫的回眸，造訪創造這些故事的長者，觀察一草一木的痕跡歲月。透過黃服賜老師的提點，裳裳鳳蝶應運而生，活躍於紙上，開始的奇妙之旅，錯過了便是可惜。

過百的校園、參天的大樹、爭艷的花卉，以及長居的鳥族，都是我們想呈現給讀者的。讓文字與學生的畫作，說起麻豆國中的曾經。

古人不見今時月，今月曾經照古人。現在我們知道這句話不怎麼準確，因為今日見到的月光和古時的那一道其實全然不同，然而，我若說古人不見今時樹，今樹曾經伴古人，你們應當不會笑我矯情吧！

作者簡介

吳宜周 (1967-) 桃園市中壢區人，最青春的歲月都在北部度過，鮮少跨越濁水溪；婚後移居台南市，育有一對兒女，迷戀南部陽光，現定居於善化區。畢業於文化大學家政系，美國舊金山州立大學特教研究所。曾任台北市餐飲工會秘書及成人美語補習班教師，現任麻豆國中特教班老師。喜歡旅遊與自然探索，用文字記錄生命軌跡。常在與動植物相處時，感嘆神創造的奇妙。

2019 年　　全國金融基礎教育教學行動方案教案甄選國中組佳作
　　　　　　台南市金融基礎教育教學行動方案教案國中組第一名
1999 年　　桃園縣身心障礙教材線上教學設計第一名
1995 年　　桃園縣身心障礙教材教具展作品佳作
1984 年　　桃園縣青年節新詩創作比賽高中組佳作

作 者 的 話 之 二

【張晉榮】

　　這改榮幸有機會參與麻豆國中這本紀念冊的工課，嘛算是對家己學習台文的一擺考試全款，藉著翻譯編寫過程，印證語言確實愛變成文字才會當保存而且流傳落去。雖罔經過幾十年獨尊華語的過去，已經漸漸咧改變，若無像按呢的磨練，一切猶是弄喀花爾爾。

　　是緣份予我有機會來鬥相共，感謝製作團隊，毋但予我了解麻豆國中過去的歷史，更加了解一本刊物欲付印的辛苦。

　　欣羨麻中有遮濟有心的大人為囡仔製作這款教育的媒體，對著解說、傳承一个所在「人文」佮「生態」，用媒體的創作來予咱的序細了解家己成長的故鄉，套一句佛家的講法，這真真正正是咧做功德。

　　向望，向望咱麻中的大大細細，未來一切攏順順序序，萬事皆如意！

作者簡介

　　張晉榮(1971-)臺東縣關山鎮人，現任臺東關山國中幹事兼閩南語教學支援人員。除了讀冊佮做兵以外，所有的時間攏留佇台東拍拼。明新工商專科學校工業工程與管理科出業了後，退伍轉台東捌讀過台東大學休閒事業管理在職碩士班肄業，這馬佇東華大學修習中等教育閩南語學士後教育學分班，想欲圓家己這世人一个小小的願望。

☆ **教育部閩南語語言能力認證證書**
　　高級　　　　108.10.28 臺教社（四）字第 1080147329 號
☆ **教育部高中閩南語教支人員證書**
　　國教署　　　110.12.16 臺教國署原字第 1100132386 號
☆ **臺東縣閩南語教支人員合格證書**
　　110.08.02 府教課字第 1100156319 號；107.08.20 府教課字第 1070174748 號
☆ **高雄市閩南語教支人員證書**　107.07.26 高市教小字第 1073366890 號
☆ **全國語文競賽表現優異證明書**
　　1、社會組閩南語演說 106.11.27 臺教社（四）字第 1060148164 號；**2**、社會組閩南語演說 104.11.30 臺教社（四）字第 1040130092 號；**3**、社會組閩南語演說 103.12.15 臺教社（四）字第 1030151755 號；**4**、指導學生獎狀 高中組閩南語朗讀第五名 104.11.30 臺教社（四）字第 1040130092 號

作 者 的 話 之 三

【陳彥吟】

在一個美麗的校園裡與共同興趣的孩子一起教與學，本身就是一件極度享受的事情，尤其當校園的美充滿了大自然的氣息。每當陽光透過樹葉灑落下來，地上的黃色斑點或快或慢地擺盪，叢葉間彷若有星星閃爍，你知道宇宙間的美好也是如此點亮我們的心。

有幸參加黃服賜博士發起的麻豆繪本工作坊，將製作繪本的活動融入教學中。感謝李玲容老師、陳寶樹老師進入校園協同教學，帶領孩子認識校園植物及生態如此豐富的校史故事，已故的柯明芳老師所設計的壁畫直到現在，仍每日陪伴莘莘學子一起聆聽鐘聲，直至今日，孩子們的運動服上，依舊是柯老師充滿活力的圖像設計，藉由王素真老師的延續，使孩子們知道了這些故事。感念先人種樹後人『畫』樹，在水墨課堂中，將多樣多元的植物物種記錄下來。而後，吳宜周老師藉由引城蝶的故事將整場美好串聯起來，呈現在我們眼前。

集眾人之創作於一書，相信麻中的孩子畢業後翻得此書，皆能津津樂道，回味無窮。

作者簡介

陳彥吟(1981-)高雄鳳山人，現寓居台南市區。臺灣師範大學大學美術系、國立高雄師範大學美術系研究所畢業，曾任鹽水國中美術老師，現任麻豆國中美術老師。

2019 年　　指導學生參加臺南市美術比賽水墨畫類第二名、第三名、佳作
2019 年　　指導學生參加全國美術比賽水墨畫類佳作
2020 年　　指導學生參加臺南市魔法語花一頁書競賽第二名
2021 年　　指導學生參加臺南市美術比賽水墨畫類第三名、佳作

編著者的話

1963-1967 年間還在麻豆故鄉時，就讀曾文中學。該校的初中部，就是麻豆國中的前身，高中部，則是國立曾文農工高中部的前身。1996 年返鄉成立麻豆文史工作室，追隨詹評仁老爺學習麻豆地方學。2018 年 3 月間，台灣首府大學校長許光華博士成立麻豆學顧問團，應聘為總顧問。當時為了教育紮根，積極推動有聲故事繪本，並於 6 月 1 日拜訪麻豆國中，輔導室與美術班老師共同討論繪本合作事宜，王素真執行長陪同，踏出了很重要的第一步。

20181102 麻豆國中美術班與老師志工們合影

2018 年 8 月 21 至 24 日，假台首大舉辦台首大麻豆繪本工作坊。麻豆國中美術班陳彥吟老師率先參加，開始醞釀以麻豆國中校園為主題的故事繪本。首先規劃納入美術班圖像創作課程，自 11 月 2 日起，分成室內演講與戶外校園生態觀察素描寫生兩階段，週四與週五上午單號雙號各一組。邀請王素真、李玲容、陳寶樹三位老師進入校園協助解說校園綠化演進史、蝴蝶生態、植物特色與指導寫生活動，以及胡丙申、郭漢僚與柯明芳等師長愛校精神。陳彥吟老師在校園發現一隻長約 13 公分的蝴蝶，經陳寶樹老師鑑定是黑鳳蝶，食草是柚子等芸香科植物。可見，若有翩翩起舞的蝴蝶加入，校園的繪本會有多美啊！

目前已先完成 15 種喬、灌木與花卉的素描底圖、上淡彩，將之轉畫成宣紙水墨畫。文稿部份與吳宜周老師討論成稿後，部份圖畫再依文字需求補畫。 感謝輔導室李素英主任從旁提供行政資源，讓美術班老師與學生們，得以注意到植物之美，希望培養平日觀察環境的習慣，發現校園之美，找尋前輩師長的足跡。

作者吳宜周與陳彥吟，分別是麻豆國中特教班與美術班老師，兩人很有默契，以該校前身曾文初中 1945 年復校首任校長胡丙申與校園綠化功臣郭漢僚主任以及接續的王改主任為主題的故事繪本。台語版作者與朗誦的張晉榮老師是宜周老師借調台東縣關山國中的同事，擔任救火隊，為本書增添很多的內容與魅力。

吳宜周老師以七種樹種帶出麻豆國中的自然生態與藝術人文，最後再以植物地圖索驥強調校園的豐富生態。美術班校園植物素描業已於 2019 年 5 月間假麻豆文化館舉行的「我的畫時代」展出，經過陳彥吟老師修飾後由編者委請寶貝城市公司盧建志黃淑雲團隊於關廟攝影棚翻拍。費用全數由主編墊付，納入出版成本。

陳寶樹老師室內講解

陳彥吟老師帶學生至校園觀察植物

美術班學生走讀校園

陳彥吟老師指導學生

美術班學生校園植物寫生

麻豆國中美術班學生在校園尋找
植物與地標素描

黑鳳蝴蝶的食草是柚子等芸香科植物

　　　　　　　　本書大部分作品參加 2019 年美術班成果展

　　2019 年 1 月 10 日，曾邀請吳宜周老師與陳彥吟老師利用中午空檔撥冗到操場東側的柯明芳老師紀念畫室與美術專用教室討論兩次並拜訪王改主任，並由王素真、李玲容兩位志工提供在地文史相關資訊，作為豐富內容與修正的參考。

柯明芳老師紀念畫室前院討論繪本

王改主任家中請教當年植樹狀況

　　2022 年 1 月 18 日與 3 月 8 日，台南市東南扶輪社社長、大地藝術協會榮譽理事長、蝸居一坊主人彭韻錚女士，邀請台南應用科大美術研究所教授徐婉禎博士參與討論，並提供諮詢服務，參訪柯明芳老師港尾里謝榜寮出生地，了解創作背景竹林現場，豐富本書內涵與完整。4 月 14 日經宜周老師推薦目前關山國中台語文專長的張晉榮老師協同完成台語版朗讀，後來增加台語文撰寫。

陳彥吟老師向彭韻錚女士及徐婉禎博士說明繪本內容

王素真執行長(中)介紹先夫柯明芳出生地與竹林水墨畫創作文化地景

而連任的蔡淑芬校長,亦積極鼓吹麻中繪本,於 3 月 30 日聽取繪本進度的報告,並引導參觀展覽與校史空間。5 月 31 日再度逐頁討論繪本文本,並關心預定進度與經費籌措事宜。

蔡淑芬校長積極參與討論細節並關心進度與經費

志 工 簡 介

陳寶樹 先生

陳寶樹(1960-) 麻豆港尾人，港尾國小、麻豆國中、逢甲大學畢業，目前偕同太太台中永春國小退休的劉中慧老師，一起在台中南湖社大等社大開設蝴蝶課程，並成立社團組織，集合社會人士，為保育蝴蝶生態努力不懈，精神可嘉。

李玲容 女史

李玲容(1962-) 麻豆埤頭人，台南大學台灣文化研究所畢業，文正國小老師兼總務主任退休。李老師喜愛文學，善於書寫，平時樂於助人，廣結善緣。麻豆文史工作室資深志工，也是最主要的執筆者，現任總爺藝文中心志工隊總幹事。著有《火獅之變～陳三火剪黏工藝》、《柚香傳情麻豆鎮》、《金黃穀倉後壁鄉》。

王素真 女史

王素真(1950-) 麻豆溝墘人，文正國小、曾文初中、高雄女師畢業，北勢國小退休老師，柯明芳老師紀念畫室共同創辦人，師事陳三火剪黏工藝、王紀明陶玻畫，現任麻豆文史工作室執行長。台南市二十多年的資深志工。獲獎紀錄：文化部銅質獎、中華民國志願服務三等獎、臺南市志願服務銅質。

【麻豆文史工作室暨麻豆文教聯誼會簡介】

麻豆文教 3.0 版　期待啟動第三階段任務的新里程碑

受到李世逸、李清杉等老師的鼓勵，1996 年 7 月 17 日黃服賜發起成立「麻豆文史工作室」。自兼負責人，聘請詹評仁 (尊稱為詹老爺) 擔任審稿，陳丙辛擔任首任執行長。1998 年 7 月梁茂隆老師接任。 1999 年 7 月王素真接任至今。

麻豆文史工作室標記設計：王佳暖
創作原意 依據麻豆環境，營造水系繚繞、平原分布的地理景觀；並將「水紋」組構成「文」字，有「以文被澤園地」之意。希望能望圖生意，簡單明瞭。

1996　麻豆文史工作室標記競圖 王佳暖設計

2022 年即將邁入 27 年，工作室從旁協助麻豆文化行銷，促成幾項重點工作： 1997 年文藝節協助麻豆代天府成立該府文教工作室。於文物館舉辦「麻豆藝術家三人展」，邀請李世逸、李清杉、楊文魁等三位分別展出陶藝、素描及書法作品。中秋節協助麻豆鎮公所辦理第二屆「麻豆文旦節」的老照片募集展示及采風之旅。協助麻豆社區發展協會余新法理事長成立該會文化工作室、辦理環保署生活環境總體改造專案。1998 年主持首次保護總爺糖廠座談會，邀蘇煥智立委、詹評仁顧問、原地主林家後代等參加，達成申報古蹟的共識，奠定南瀛總爺藝文中心的基礎。與麻豆婦女會合辦「采風之旅」，協助鄉親體驗古厝、老樹等鄉土景觀。受縣立文化中心之託，辦理「社區文化一日遊」活動及解說培訓班。 1999 年元宵節李再富等人恢復停辦 64 年的迎暗藝傳統民俗技藝活動，薪傳獎民間藝師陳學禮夫婦傳授太平清歌、駛犁仔歌等絕活。 2 月 11-12 日與麻豆長老教會楊禎緯牧師、麻豆社區發展協會余

1997 麻豆藝術家三人展

1998 麻豆情事創刊號夏季麻豆文史工作室 (左圖 李清杉素描總爺紅樓前大榕樹，中圖 前後任執行長陳丙辛、梁茂隆，右圖 謝安通為本刊寫詩)

1999 麻豆情事 第三期封面

2001 來去麻豆 - 麻豆文化觀光
導覽手冊封面

贊助單位
池王府縣立軍史公園、鱸魚王、王子汽車旅館、尚和休息站、富隆飲食原料店【認養素食介紹】、阿蘭碗粿、麻豆健康休閒館、錢泰涮涮鍋、翔譚珠寶【與吳坤泉建築師事務所共同認養中山路老街介紹】、蜜絲揚SPA精品館、砂壺茶記、嘟嘟現炒、富貴瓜子行、林本紀念果園、品人園綜合農園、代天府、文衡殿、德昌文旦園、陳老師文旦園、林水相文旦園（以上二萬五千元）、福裕生鮮超市、麥當勞、北極殿、東和照相館【認養興中路老街】、辰禧藝術【認養藝文景點介紹】（以上一萬五千元），羅拉咖啡簡餐、柯明芳紀念畫室【認養林家三房、八房介紹】（一萬元），清涼派茶坊、老夫子牛肉麵、麻豆刨冰火鍋、小戴飲品、鄉村故事旅棧（以上五千元），台南企銀陳憲義經理個人四千元。

2001 麻豆文化觀光導覽手冊封底
贊助者名單

新法理事長辦理「麻豆文史工作室志工寒訓及文史營隊：麻豆過年走透透」二天活動。11月19日總爺糖廠完成縣定古蹟的法定程序，範圍包括1911年陸續完工的總爺紅樓、招待所、餐廳、廠家宿舍、副廠家宿舍、日式庭園、樟樹綠色隧道等珍貴物質與老樹。2000年12月縣府設立「南瀛總爺藝文中心」，葉佳雄局長頒發諮詢委員聘書。

感謝詹老爺協助2000年7月完成台大博士論文「在地社區領袖參與鄉土襲產保育的人文意涵」。2000年8月返鄉創辦台灣首府大學的前身致遠管理學院觀光休閒系，協助詹老爺主持麻豆鎮耆老口述歷史座談會，偕同執行長王素真、組長李玲容分別向詹老爺做中學，獲益匪淺。2005-2006年參與詹老爺主持的真理大學「鄉土襲產講座 - 麻豆學」暨「鄉土襲產講座 - 南瀛學」課程。 透過小額微募資，先後完成幾項文化行銷工作：1998年7月17日二週年慶，「麻豆情事」創刊，印行2000份。1999年2月第二期，印行1萬5千份。11月14日第三期，印行1萬冊。2000年2月14日印行「鄉土藝術專刊」4000份。

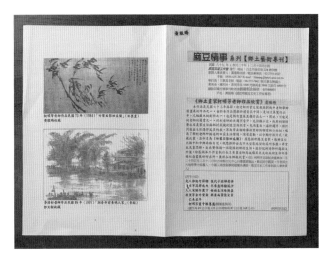

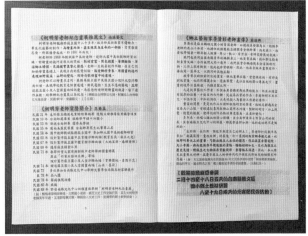

20000214 麻豆情事系列鄉土藝術專刊介紹柯明芳與李清杉畫家老師

201509 黃服賜於柯明芳老師紀念畫室發起籌備麻豆文教聯誼會 (圖左起：林朝成、陳三火、王紀明、許韶陽、張良澤、陳灼琴、梁茂隆)

20151204 麻豆文化聯誼會第四次籌備會

20151226 麻豆解說人員培訓萬副校長陳研發長梁茂隆與黃服賜

20151226 麻豆解說人員培訓萬副校長陳研發長梁茂隆與黃服賜

20151226 麻豆解說人員培訓班合影

20151226 麻豆解說人員陪訓前往王紀明老師陶玻畫工作室

20151226-27 麻豆解說人員培訓班課程表

20160118 麻豆
聯誼會成立大會

20160118
麻豆文教
聯誼會
成立大會
相關報導

20160201 麻豆文教聯誼會總召團第二次會

20160327 台南市文資處觀賞麻豆巷口集英社演出
向登錄文資邁出一大步

2001 年 8 月五歲生日，在邱錫河、郭忠山等三十多位鄉親的倡議及捐款下，發行麻豆文化觀光導覽手冊「來去麻豆」二萬本。 感謝所有貴人，李世逸、李清杉、詹老爺、方賜錄、陳丙辛、陳再富、梁茂隆、李玲容、王素真、郭俊欽、楊湛萍、黃千容、曾婉鈞等前輩暨工作室幹部，台灣首府大學觀光休閒系前兩屆同學洪再輝、黃秋華、陳柏霖、許閩惠、吳家瑋、林川文、吳雅婷、周煥智等，以及外地專家陳秋野、王勁文、莊秋蘭的實際投入工作，在地企業與個人出錢出力，王佳暖標記設計獲獎，永康鴻辰印刷公司承印。沒有您們，麻豆文史工作室就不會有今天的成果。

2006 年 7 月十歲生日，善用邱錫河先生捐款餘額，委請黃佳音成立麻豆文史工作室部落格，後來因為無名小子網頁中止而停掉，累計點閱近 20 萬人次。9 月 9 日辦理部落客麻豆文化旅行團，免費招待來自全台灣 20 位知名部落客，透過幾百萬潛在的部落格點閱人氣，順勢行銷麻豆。 2007 年 9 月 1-2 日辦理麻豆旅北鄉親返鄉尋根之旅「追尋父母的足跡 -- 文旦樹下巡禮」，計有 25 位參加，免費招待祖孫組，詹老爺親自全程導覽解說。接受台北市各廣播電台的訪問近百次。專題演講多次。

2015 年 7 月 10 日建立麻豆文史工作室臉書 (FB)，後兼作麻豆文教聯誼會臉書，作為

官方網站粉絲專頁。8月1日辦理「麻文20感恩茶會」，感謝曾旭正副市長、台中市鄉土文化學會、善德堂南樂社、花園城市發展協會等外賓暨在地的柚城文史采風研究社、總爺文教協會、集英社等貴賓代表蒞臨指導，針對發揚傳統藝術、提倡鄉土文化、推廣在地體驗等事項，共同討論未來模範(model, 麻豆兩字新解)的三 V，即觀點（view point ）、價值（value）與願景（vision）。9月起發起並籌備「麻豆文教聯誼會」，召開十幾場籌備會，

2016 台首大萬金生副校長頒發感謝狀給麻豆國小李校長參與柚花藝術節

2016 台首大輪值總召策劃絃之柚弦柚花藝術節嘉年華（圖前排右四 陳儒賢研發長兼執行秘書）

2016 邀請李仙化參加柚花藝術節南方米造首場

2016 柚花藝術節南方米造首場音樂會

2016 柚花藝術節南方米造首場

2016 麻豆區長林振祿參觀陳永正教授畫展

感謝台灣首府大學許校長暨萬副校長於 12 月協同策劃執行「麻豆解說人員培訓」。2016 年 2 月在台首大正式成立，聘請 12 位校長、理事長及店家老闆共同擔任總召集人，首任輪值總召由台首大許光華校長擔任，聘請文教界李福登、張良澤、詹評仁等前輩擔任顧問，不定期召開總召顧問聯席會議，討論隔年三月份柚花藝術節主場活動等工作計畫。第二任請曾文農工徐文法校長接任。第三任請曾文家商陳藝昕校長擔任，並增聘黎明高中羅家強校長為總

20170512 鄉土襲產與鄉村旅遊－新觀點新價值新願景

2018 柚花藝術節宅園藝陣體驗

20170724 麻豆永續發展研討會林區長頒發感謝狀給黃服賜負責人

20171002 曾文農工徐文法校長接任總召（左三）

20180608 台首大許校長率領麻豆學顧問團訪問陳三火大師

召成員。第四任請台灣首府大學戴文雄校長接任。惟人事更替，加上其他因素決定聯誼會暫停運作。雖然日前台首大宣布停招，陳藝昕校長亦於今年八月一日屆齡榮退，由之前該校圖書館主任兼聯誼會總召秘書洪思農升任校長，結合社區資源成為辦學願景之一。很慶幸的，曾文農工謝旻淵校長亦是結合社區辦理活動高手。

麻豆文史工作室自 1998 年起，先後出版「麻豆情事」刊物四期與《麻豆文化觀光導覽手冊》。2017 年起，又陸續以「銀來响紀念冊」名義出版《鄉土襲產與鄉村旅遊》、《柚鄉飄香》二本書，以及預計今年完成的《翩翩飛入 戀戀曾文》，均本著有力出力有錢出錢，始告出版。

不久將邁向 30 歲的「麻豆文史工作室」，依據國內社區總體營造 3.0 版的政策宣示，工作室也將啟動第三階段任務。暫停運作的「麻豆文教聯誼會」，兩位新校長的到來，是否會帶來重新啟動的契機，值得期待。

20180821-24 台首大麻豆繪本工作坊倒風內海故事館合影

20180821-24 台首大麻豆繪本工作坊手冊

20181027 曾商陳藝昕校長在顏聖哲大師麻豆鄉土懷舊個展開幕前介紹校花大理花

20181027 曾商陳藝昕校長陪同顏聖哲大師麻豆鄉土懷舊個展為學生解說

20181027 曾商樂隊歡迎貴賓參觀顏聖哲大師麻豆鄉土懷舊個展

20181027 曾商顏聖哲大師麻豆鄉土懷舊個展

20181027 新紀元 薩克斯風樂團為顏聖哲大師麻豆鄉土懷舊個展開場

20190817 麻豆巷口集英社護濟宮演出

2020 柚鄉飄香 - 文藝復興在麻豆

20200321-0422 漂泊遊子柚鄉情個展海報

20200322 漂泊遊子柚鄉情個展開幕音樂會海報

20200322 二林社大吟唱班

20200322 善德堂蔡奇勳唱曲

20200322 集英社歌頭

20200322 二林社大吟唱班蔡班長領感謝狀

20200322 台中善德堂南樂社劉社長受獎

20200322 吳登神社長接受文化局董股長、陳校長、黃博士頒獎

20200322 陳進雄社長接受文資處李秘書陳校長兼總召及編者贈送感謝狀

20200322 集英社陳灼琴鄭麗嬌等人接受文資處李秘書、曾商陳校長頒發感謝狀

20200322 開幕貴賓席 (右起許明山、吳登神、陳秋宏、蔡詩傑、謝四海)

陳藝昕校長兼總召與二林族親陳佳聲校長朱紅芳

20200322 曾文家商陳校長與同宗二林高中陳校長與香草吟社吳理事長

20200322 二林鎮長率領二林社大、香草吟社、儒林書法學會成員參加

20200322 二林鎮鎮長蔡詩傑博士比讚

20200322 二林鎮交流團參觀陳火獅剪粘工藝之家

20200322 二林社大與曾文社大黃處長主秘真理台文館張館長交流

20200322 貴賓簽名宣紙裝裱許明山題字

2021 陳永正教授《柚見童玩拍干樂》獲文化部補助出版是 2018 台首大麻豆繪本繪本工作坊首獎首發作品麻豆文史工作室與有榮焉

銀來 紀念冊叢書總序

◆ 先嚴黃銀來遺照

作者出生臺南麻豆港仔尾農家，對鄉村有特別感情。跟大部分臺灣人一樣，就學與就業都在都市，對鄉村了解甚少，對農民、農業、農村等人事物，似懂非懂。其實，農村是都市的母親。農村孕育與保護都市人生命，農業提供都市人生活必需，農民及其子弟更是調配或供應都市產業人力。

人類，是有感情、有記憶的，更是有靈性的生物。對於生長的故鄉，即使少年離家，一旦成銀髮族，還是想落葉歸根。可是鄉村風貌已經大大地改變，兒時記憶大概消失殆盡，與其徒喚奈何，何不把鄉村性格種子，撒在都市角落，成為一種思鄉的密碼。

在日常生活中，觀察社區一草一木，一磚一瓦，關心、了解當地多元的文化歷史元素，參與社區活動，認同社區文化，進而投入環境自力營造，他鄉日久成故鄉，並大聲說出：「這裡就是我的故鄉」。

臺北、桃園、臺中，都是我的第二故鄉。除在臺南故鄉完成麻豆國民小學六年、曾文初中三年、直升曾文高中半年、成功大學建築研究所二年學業與台首大觀光休閒系任教二年、台南市政府工務局服務二年外，其它歲月都是在他鄉渡過。包含在臺北市念完高中二年半、中原大學建築系五年與臺灣大學地理環境資源系博士學位四年，又在內政部營建署（含玉山

1962 年大哥結婚家族合照／前排新郎左手邊雙親及外婆。
作者站在後排最右角
（攝於臺南縣麻豆鎮保安里中正路 25 號吉豐布行）

1967 年二哥結婚家族合照／前排新郎左手邊雙親及外婆。
作者站在後排右側算來第三位
（攝於臺南縣麻豆鎮保安里中正路 25 號吉豐布行）

國家公園管理處）、交通處觀光局（含國民旅遊組前身省旅遊局）服務十年與德霖學院休閒系任教二年。最後轉任桃園市開南大學任教四年，同時也在桃園社區大學開課。很意外地，回任臺中市政府都市發展局、建設局及幕僚室等機關服務四年後，2015年1月16日申請退休。

目前定居臺中市，在犁頭店（嶺東科大南湖社大前身）、（中台科大）、文山（台中世貿）與故鄉臺南市曾文（真理大學麻豆校區）等四所社區大學開課，以延續經驗與生活步調。已暫停開課（南湖社大是意外開課），將陸續整理文稿，集結成冊，自費出版。為感謝雙親（麻豆港仔尾黃銀來、麻豆海埔埤仔尾林响）生育、養育我們九個兄弟姊妹（大姊伏里、大哥服從、二哥吉熊、二姊滿、三哥復利、大妹美秀、二妹美金、三妹美瑞）之恩，特別取諱名相合，命名為「銀來响紀念冊」，以資紀念。特別感謝內人郭恆燕女士（麻豆東角里郭崇舜、張寶奈千金，晉旭、秩名姊姊），長期包容拼命三郎型的老公，盡心盡力顧好家小，讓我無後顧之憂。期盼讀者閱讀後，能夠化思舊故鄉之情，成為營造新故鄉的動力。

◆ 先慈 黃林响遺照

黃 服 賜

2017 年 4 月 14 日
於麻豆文史工作室，時年六十八

◆ 1972 年三哥結婚家族合照／前排新郎左手邊雙親及四姑姑，作者坐在四姑姑左邊。
（攝於臺南縣麻豆鎮保安里中正路 25 號吉豐布行）

◆ 1985 年作者結婚家族合照／前排新郎左手邊父親及繼母周雪，作者坐在四姑姑左邊。
（攝於臺南縣麻豆鎮中興里和平路 14 號之二）

【編著者簡介】

黃服賜（野洛、野洛林）1951 年出生於臺南縣麻豆鎮港尾里

學歷：

/1975 中原理工學院（中原大學前身）建築系學士
/1982 國立成功大學建築研究所都市規劃組碩士
/2000 國立臺灣大學地理環境資源系博士

留學進修：

/1987 臺灣省政府公費留學景觀設計類科～美國農業部研究院 (Graduate School ,USDAGS) 觀光行政規劃考察暨美國科羅拉多州州立大學（Colorado State University,CSU) 景觀遊憩交換學者
/2012 行政院高階文官培訓～美國農業部研究院「地方治理」

國家考試：

/1989 全國公務人員高等考試「自然保育科資源規劃管理組」及格
/2007 全國普通考試「外語導遊」、「外語領隊」及格。

專兼任教職：

/2000 致遠學院（台灣首府大學前身）、育達學院（育達商業科技大學前身）、德霖學院（宏國德霖科技大學前身）、開南大學副教授，或兼觀光休閒系系主任。
/1982 華夏工專（華夏科大前身）、文化、東海、逢甲、靜宜、朝陽、中國市政（中國科技大學前身）、國立成功等大學兼任副教授。
/2000 中國生產力中心形象商圈輔導顧問
/2007 交通部觀光局、勞委會、臺北市觀光傳播局在職導遊精進班老師暨隨隊老師。
/2009 桃園縣桃園、臺中市犁頭店、文山、大坑、南湖、臺南市曾文、彰化縣二林等社區大學講師。
/2018 私立黎明高中兼任教師。

公職：

/1982 內政部營建署視察（陽明山國家公園、北海岸景區、南部區域計畫規劃並輔導陳定南縣長完成宜蘭縣觀光整體發展計畫暨冬山河風景區規劃，1991 自玉山處調回營建署主辦 100 公頃高雄都會公園第一期敷地設計與土地取得與劃定臺中都會公園 88 公頃範圍）。
/1985 交通部觀光局工程司（觀音山、茂林、東海岸風景區規劃）。
/1990 內政部玉山國家公園管理處技正（南橫道路公園梅山遊憩區規劃）。
/1992 內政部建築研究所研究員（籌備處日本建築叢書翻譯、節能省電綠建築基本研究與成立後國中小學建築研究）。
/2002 臺南市政府工務局局長（海安路、安億橋、安明路完工通車，運河首次疏濬完成）。
/2011 臺中市都市發展局副局長暨建設局副局長（爭取營建署補助中區再生、大肚王國傳奇、大肚山古道、葫蘆墩圳開蓋規劃費用。文資審議當然委員協助文化局完成聚奎居、詔安堂、水碓聚落繩繼堂、臺中刑務所等市定古蹟，光復新村、舊南屯溪文化景觀登錄指定與千年茄苳護樹、土庫溪 S 型河道保存等地主溝通與都市計畫變更，審議臺中市區域計畫座談會劃定 500 公頃大肚山自然公園預定地，以及主辦樹木景觀論壇）

主導社團：

/1996 麻豆文史工作室發起人兼負責人（出版刊物、培訓志工、導覽服務）。
/2015 麻豆文教聯誼會發起人兼籌備人（柚花藝術節主場跨校展演活動）。
/2017 銀來响紀念冊叢書總編輯（策劃、編輯、募款、發表會）。

論文：

2000 王秋原、王鑫教授雙指導臺大博士論文《在地社區領袖參與鄉土襲產保育的人文意涵》。
1982 吳梅興、鍾旭和教授雙指導成大碩士論文《環境規劃架構之探討》。

著有：

/1983 《陽明山地區資源保育與觀光發展計畫初步構想》（營建署自行調查成果並劃分陽明山國家
　　　公園與北海岸國家風景區範圍）。
/1985 《農村中心規劃指南》（內政部營建署共同翻譯）。
/1988 《觀音山風景區整體發展初步規劃構想》（經建會專案補助成立北部風景區規劃隊調查成果
　　　後納入國家重大建設方案並設立北觀國家風景區管理處）。
/1998 《太空看臺灣～社會的集體創作》（與臺大王鑫教授師生合著）。
/2001 《來去麻豆～麻豆文化觀光導覽手冊》。
/2001 《麻豆形象商圈店家調查報告》。
/2002 《龍安國小社區史蹟導覽手冊》。
/2005 《雪與螢的邂逅～閱讀德霖青雲崗•發現土城擺接堡》。
/2007 《麻豆港尾黃別派下族譜》。
/2009 《虎頭山綠的探索～歷史•足跡•綠地》（陳清泉校長合著）。
/2009 《蘆竹鄉登山步道解說規劃與摺頁設計》（蘆竹鄉公所委託）。
/2010 《蘆竹鄉觀光資源調查與遊程及動線規劃設計～調查規劃成果報告書》（蘆竹鄉公所委託）。
/2011 《桃園機場捷運站通車的機會與挑戰～打造觀光城鄉輔導團專案經理種子培訓》（蘆竹行動
　　　大學籌備處委託，全程紀錄五卷錄影帶）。
/2017 《鄉土襲產與鄉村旅遊～新觀點•新價值•新願景》（銀來响紀念冊1）。
/2020 《柚鄉飄香～文藝復興在麻豆》（銀來响紀念冊2）。
/2022 《翩翩飛入 戀戀曾文～麻豆國中的人文藝術與生態物語》（銀來响紀念冊3）。

現職：

/ 麻豆文史工作室負責人
/ 麻豆文教聯誼會發起人
/「銀來响紀念冊」叢書總編輯
/ 彰化縣二林社區大學講師
/ 私立黎明高中彈性課程兼任教師

通訊方式：

/ E-mail：fshuang100@gmail.com
/ Line ID: frank20130604
/ FB 黃服賜 麻豆文史工作室暨麻豆文教聯誼會粉絲專頁
/ 通訊地址：408 臺中市南屯區大墩十二街 311 號九樓之一。黃服賜先生。
/ 麻豆聯絡處：721 臺南市麻豆區興中路 250 巷 150 號柯明芳老師紀念畫室。王素真女士。

國家圖書館出版品預行編目 (CIP) 資料

翩翩飛入 戀戀曾文 / 吳宜周 , 張晉榮作 ; 黃服賜編著 .
-- 臺南市 : 麻豆文史工作室 , 2022.10
面 ；　公分

ISBN 978-957-30164-2-7(精裝)

1.CST: 人文地理　2.CST: 歷史　3.CST: 臺南市麻豆區

733.9/129.9/143.4　　　　　　111016668

《翩翩飛入　戀戀曾文》

發行人：黃服賜
編著者：黃服賜
審稿者：蔡淑芬
撰稿者：吳宜周 (原創華語文版)、張晉榮 (改寫臺語文版)
圖像繪製者：陳彥吟暨美術班張琦軒等繪 49 幅
出版單位：麻豆文史工作室 (黃服賜負責人)
　　　　　／執行長：王素真／人文組長：李玲容／生態組長：陳寶樹／導覽組長：鍾桂珍
　　　　　／ QR code：黃佳心
地址：408 臺中市南屯區大墩十二街 311 號九樓之一
　　　／ FB 黃服賜／信箱：fshuang100@gmail.com
麻豆聯絡處：721 臺南市麻豆區興中路 250 巷 150 號柯明芳老師紀念畫室
美編印刷：展聖企業股份有限公司
地址：臺南市安南區科技工業區工業二路 26 號
出版日期：2022 年 10 月 30 日

代理經銷處：白象文化事業有限公司
地址：台中市東區和平街 228 巷 44 號
電話：(04)2220-8589　傳真：(04)2220-8505
網站：pcsotore.com.tw

ISBN 978-957-30164-2-7（精裝）
定價 650 元 特價 500 元